DR. WLADIMIR KLITSCHKO
TATJANA KIEL

F. A. C. E.
THE CHALLENGE

Entdecke die Willenskraft in dir!

Sollte diese Publikation Links auf Webseiten Dritter enthalten,
so übernehmen wir für deren Inhalte keine Haftung, da wir uns diese
nicht zu eigen machen, sondern lediglich auf deren Stand zum
Zeitpunkt der Erstveröffentlichung verweisen.

Bibliografische Information der Deutschen Bibliothek

Die Deutsche Bibliothek verzeichnet diese Publikation in der
Deutschen Nationalbibliografie; detaillierte bibliografische Daten
sind im Internet unter http://dnb.de abrufbar.

Verlagsgruppe Random House FSC® N001967

© 2020 Ariston Verlag
in der Verlagsgruppe Random House GmbH,
Neumarkter Straße 28, 81673 München
Alle Rechte vorbehalten

Text: Christina Gruber, Köln
Konzeption: Team Klitschko Ventures, Hamburg
Abbildungen: Saskia Immig, Hamburg – im Auftrag von Klitschko Ventures.
Grafische Abbildungen und Bilderzeugnisse sind geistiges Eigentum von
Klitschko Ventures.
Lektorat: Michael Schickerling, München
Umschlaggestaltung: bürosüd, München
Umschlagabbildungen: Michael Pfeiffer (Wladimir Klitschko),
Rieka Anscheit (Tatjana Kiel)
Satz: Vornehm Mediengestaltung GmbH, München
Druck und Bindung: Litotipografia Alcione Srl, Lavis
Printed in Italy
ISBN 978-3-424-20240-3

Um eine Challenge zu meistern, brauchst du ein Team,
und glücklicherweise habe ich das.
Deshalb möchte ich dieses Buch dem besten Team überhaupt
widmen: meinem Team Klitschko,
das mich durch alle Höhen und Tiefen begleitet hat und
ohne das ich heute
definitiv nicht der wäre, der ich bin.
Ihr wart, ihr seid und ihr werdet
für mich immer Wegbegleiter
und Wegbereiter sein.
Dafür danke ich euch von Herzen.
Unsere Zeit bleibt unvergessen.

Inhalt

Vorwort 9

Let's F. A. C. E. the Challenge! 15

FOCUS

➤ **Selbstreflexion: Was willst du?** 23

FOCUS F1: Find Clarity
(Finde Klarheit) 25

FOCUS F2: Define the Who
(Definiere, wer du bist) 34

FOCUS F3: Design the Challenge
(Gestalte die Herausforderung) 42

FOCUS F4: Keep Calm
(Bleibe ruhig) 51

AGILITY

➤ **Selbstwirksamkeit: Wie machst du es?** 59

AGILITY A1: Define Plan
(Plan definieren) 61

AGILITY A2: Integrate Obstacles
(Integriere Hindernisse) 72

AGILITY A3: Neutralize Distractions
(Neutralisiere Ablenkungen) 82

AGILITY A4: Keep Flexible
(Bleibe beweglich) 92

COORDINATION

➦ **Selbstentfaltung: Mit wem und womit?** 103

COORDINATION C1: Fuse Heart and Head
(Bringe Herz und Verstand in Einklang) 105

COORDINATION C2: Use the Herd
(Nutze die Gemeinschaft) 114

COORDINATION C3: Choose Environment
(Wähle die Umgebung) 124

COORDINATION C4: Keep Learning
(Lerne immer weiter) 133

ENDURANCE

➦ **Selbstdisziplin: Wie hältst du durch?** 143

ENDURANCE E1: Develop Discipline
(Entwickle Disziplin) 145

ENDURANCE E2: Form Habits
(Forme Gewohnheiten) 156

ENDURANCE E3: Defeat Defeatism
(Besiege die Mutlosigkeit) 167

ENDURANCE E4: Keep Living
(Bewahre dir die Lebendigkeit) 176

F.A.C.E. Übersicht 187

Dank 189

Vorwort

Liebe Leserin, lieber Leser,
bist du die bewegende Kraft in deinem Leben?

In meiner sportlichen Karriere wurde ich immer wieder gefragt, wie ich es geschafft habe, so erfolgreich meinen Weg zu gehen. Das Geheimnis? Es gibt keins.

Meine Freiheit, meine Selbstbestimmtheit und mir selbst treu zu sein waren immer mein Motor. Situationen, die sich nicht richtig angefühlt haben, habe ich geändert – auch wenn das Zeit und Energie gekostet hat. Ich habe aber auch erfahren, wie schwer es ist, aus einer Situation der Fremdbestimmung auszubrechen. Erwartungen anderer zu enttäuschen mag niemand gern, aber genau das muss in manchen Momenten sein.

Im Frühjahr 2020 schien die Welt stillzustehen. Ein Virus namens Covid-19 verbreitete sich rasend schnell. Wir alle wurden daraufhin in unseren Freiheiten enorm eingeschränkt, um zu verhindern, dass das Virus viele Todesopfer fordert. Der Umgang mit dieser Situation erforderte von jedem Einzelnen von uns ein hohes Maß an Disziplin, und jeder musste einen Weg finden, mit dieser Herausforderung umzugehen. Mir wurde mehr denn je bewusst, worauf es mir ankommt, was mir im Leben wichtig ist und was ich für verzichtbar halte. Beispielsweise habe ich so viel Zeit mit meiner Tochter verbracht wie selten zuvor. Das war wunderbar – und erschöpfend.

Diese Monate haben meinen inneren Kompass neu kalibriert und mir eines noch klarer gemacht: Allzu oft verbringen wir unser Leben damit, etwas oder jemandem hinterherzulaufen: irgendwelchen To-do-Listen, einem neuen Projekt, den Forderungen der Gesellschaft, den Wünschen der Familie. Wir sind Getriebene auf der Jagd nach Zielen, um unser Leben, den Blick anderer auf uns oder unsere finanzielle Situation zu verbessern. Doch sind das wirklich unsere eigenen Ziele, die wir so aufopfernd verfolgen?

Seien wir ehrlich: Oft – viel zu oft – erfüllen wir Pläne, die andere für uns schmieden. Gut gemeinte Pläne. Aber eben solche, die von anderen stammen. Auch mir ging es lange Zeit so. Dieses Gefühl der Fremdbestimmung ist weitverbreitet, viele kennen das. Manchmal verfolgen wir ganz verbissen auch nur irgendwelche Ziele, die in der Vergangenheit liegen und heute vielleicht gar keine Relevanz mehr haben.

In meiner Anfangszeit als Boxer fühlte ich mich wie ein Spielball der Boxindustrie und von Promotern. Dabei war ich es, der in einem Kampf zwölf Runden lang seine Gesundheit riskierte. Anstatt also weiterhin für andere den Kopf hinzuhalten, wollte ich die Situation ändern und meine Karriere ein Stück weit selbst in die Hand nehmen. Ich baute meine eigene Promotion-Company auf und wurde Promoter für mich und meine Kämpfe.

Seither stelle ich mir immer die Frage: Was ist das für ein Ziel, das mich gerade umtreibt? Ergibt es wirklich Sinn für mich? Ist es *mein* Ziel? Bringt es mich näher an die Vision, die ich für mein Leben habe? Bin ich dabei die bewegende Kraft? Ich habe erkannt, dass ein glückliches Leben für mich ganz entscheidend davon abhängt, dass ich die Kontrolle behalte – über mich selbst, meine Zeit, meine (Lebens-)Energie. Deshalb gründete ich bereits 2015 das Kliwla Family-Office, um die Planung und Struktur meiner finanziellen Situation meinem eigenen Team in die Hand zu geben, das meine Finanzen genau nach meinen Vorgaben und Vorstellungen verwaltet.

Mit diesem Buch möchte ich auffordern, dass du dir klarmachst, was du brauchst, um künftige Herausforderungen zu bewältigen: Ich bin überzeugt davon, dass du selbst es in der Hand hast, ein gutes, selbstbestimmtes Leben zu führen und deine Zeit nicht auf Ziele zu verschwenden, die nicht deine sind. Ich habe die Erfahrung gemacht, dass wir alle offenbar dazu neigen, das zu vergessen, und allzu schnell bereit sind, Konventionen und Erwartungen anderer zu erfüllen – letztlich deren Ziele zu verfolgen und so den Sinn für uns selbst aus den Augen zu verlieren.

Viele suchen nach ihrem »Why«, dem Warum. Ich denke, dass man vorher das »Who«, das eigene Wer, definieren muss. Erst wenn ich selbst weiß, wer ich bin, kann ich erkennen, was ich wirklich will. Ich bezeichne mich selbst als Challenge-Meister. Mein Who, meine Bestimmung, liegt darin, ständig neue Herausforderungen anzugehen. Ich fühle mich in der Challenge-Zone, also außerhalb der Komfortzone, besonders wohl. Deshalb spreche ich auch lieber von Herausforderungen als von Zielen: Herausforderungen ermöglichen es mir, mich selbst zu erkennen, mich selbst zu übertreffen, über mich hinauszuwachsen und der Mensch zu werden, der ich sein will.

Nach dem Ende meiner ersten Karriere hätte ich einfach meine Bekanntheit in Cash verwandeln und mit Werbeverträgen meine »zweite Karriere« bestreiten können. Doch ich wollte mehr: Mir ging es darum, Werte zu vermitteln und meine Erfahrungen weiterzutragen, und nicht darum, nur mein Image zu nutzen. Deshalb habe ich mich mit meinem Team darangemacht, eine Methode zu entwickeln, anhand derer ich diesen Expertise-Transfer leisten kann. So ist dieses Buch entstanden: Die Methode *F. A. C. E. the Challenge* soll dich konkret dabei unterstützen, dass du die passende Herausforderung für dich identifizieren und die geeigneten Maßnahmen ergreifen kannst, diese zu meistern. Ich möchte, dass dieses Buch wie eine kleine Methodenbibel gelesen wird: Jeder findet hierin für die eigene Situation etwas, das zeigt, wie Willenskraft helfen kann, ganz unterschiedliche Herausforderungen zu meistern.

Im Lauf meiner Karriere bin ich zu der Überzeugung gelangt, dass Willenskraft die stärkste Kraft im Leben ist. Wobei mir das besonders klar wurde? 2004 war ich nach meiner zweiten Niederlage in Folge komplett abgeschrieben, aber weil ich immer wusste, dass ich selbst die bewegende Kraft bin, habe ich es geschafft zurückzukommen. Dafür ist es wichtig, die Zweifel hinter sich zu lassen und den Glauben an sich umso mehr zu stärken, je weniger er von außen kommt.

Genau das möchte ich mit meiner Methode und mit diesem Buch weitergeben: dir ein Werkzeug an die Hand geben, das du nutzen kannst, um deine Umsetzungsenergie zu aktivieren. So wirst du Meister deiner Ziele und deines Lebens und hältst die Zügel selbst in der Hand, indem du Herausforderungen ruhig, zielorientiert und doch voller Leidenschaft angehst.

Jeder von uns ist einzigartig und muss die Herausforderung wählen, die zum eigenen Leben passt. Dafür musst du dein Leben für ein paar Augenblicke verlangsamen, dir die Zeit nehmen, über dich selbst und deine eigenen Ziele nachzudenken. Die Kernfähigkeiten Fokus, Agilität, Koordination und Ausdauer sind die vier Schritte, um deine Willenskraft, den festen Glauben an dich selbst und die eigenen Fähigkeiten zu spüren und am Ende richtig einzusetzen.

Wenn du an dich selbst glaubst, wenn du nicht aus den Augen verlierst, wer du bist und welche Träume du hast, dann wird dich nichts aufhalten. Ein Sprichwort sagt: »The sky is the limit.« Sprich: »Der Himmel ist die Grenze.« Nein! Du bist die Grenze. Nur du kannst dich davon abhalten, dein eigenes Leben zu führen. Mach keine Kompromisse, hör auf zu wünschen und fang an zu wollen und zu handeln. Du bist die bewegende Kraft! Nutze dieses Wissen für dein Leben! Ich habe es geschafft und an mich geglaubt – und du kannst dasselbe, indem du an dich selbst glaubst.

Gehe zurück, und lies diesen letzten Absatz noch einmal, denn er ist mir sehr wichtig. Auf ihm bauen mein Wissen und meine Lebensüberzeugung auf.

Trotzdem ruhe ich mich nicht auf meinen Errungenschaften der Vergangenheit aus, sondern nutze sie als Basis, um meine Zukunft zu gestalten. Ich habe noch viel vor. Und auch das werde ich schaffen. Weil ich an mich und meine Ziele glaube.

Dr. Wladimir Klitschko
Hamburg, im Juni 2020

PS: Jedes Kapitel schließt mit einem kleinen Zitat ab, das ich besonders mit dem jeweiligen Schritt aus meiner F. A. C. E.-Methode verbinde. Die Zitate stammen mal von mir, mal von anderen Persönlichkeiten, die ich sehr schätze und deren Weisheiten mich deshalb begleiten. Diese möchte ich in diesem Buch mit euch teilen, da ich überzeugt bin, dass kleine Zitate große Inspirationen bieten können.

Let's F. A. C. E. the Challenge!

Der Weg zur Methode

Während seiner ersten Karriere als Boxer kristallisierte sich für Wladimir Klitschko heraus, dass er seine Erfahrungen, die er im und außerhalb des Boxrings gesammelt hatte, zugänglich machen wollte. Im Zentrum dieses Expertise-Transfers steht, Menschen zu befähigen, ihre Willenskraft zu entdecken. Bei der Bedeutung des Wortes Willenskraft geht es nicht darum, wer mit dem dicksten Kopf durch die stärkste Wand kommt. Ganz im Gegenteil: Es geht darum zu verstehen, wer man ist, wofür man steht, was man möchte, und durch die Entwicklung und konsequente Verfolgung des eigenen ganz individuellen Plans zu seinem Ziel zu gelangen – mithilfe der eigenen Umsetzungs-energie.

Gemeinsam mit Wladimir entwickelten wir als Team von Klitschko Ventures eine universelle Methode, die jedem einen systematischen Umgang mit der individuellen Herausforderung ermöglicht. Wir nutzten Wladimirs facettenreiche Praxis, die das Fundament für unsere Theorie bildete. Dies war kein einfacher Weg, denn in dieser Form hat das vor uns noch niemand getan, auf dessen Erfahrungen wir hätten zurückgreifen oder bauen können. Doch genau das ist es, was letztlich unsere Methode so besonders macht: Wir haben Wladimir Klitschkos Weg zur Welt-spitze analysiert, während er noch aktiver Sportler war. Immer wieder Zeit zu finden, Fragen zu stellen und Vorgehensweisen zu untersuchen, ohne den Fokus des Champions von der Kampf-vorbereitung abzubringen, war dabei eine der größten Hürden.

Eine andere Hürde war, aus der Analyse eines Menschen, der intuitiv handelt, konkrete Erkenntnisse zu gewinnen. In diesem

15

intuitiven Verhalten identifizierten wir die zentralen Kernfähigkeiten und brachten diese in die richtige Reihenfolge: Fokus, Agilität, Koordination, Ausdauer. Zudem beobachteten wir, wie Wladimir diese Fähigkeiten immer wieder einsetzte, weiterentwickelte und verbesserte.

Ein Grundsatz von Wladimirs Praxis – und nun auch unserer Methode – ist die Einzigartigkeit jedes Menschen. Wir sind dann am besten, wenn wir wissen, wer wir sind und wofür wir stehen. Um daraus die Methode zu extrahieren, haben wir auf der einen Seite die Einzigartigkeit Wladimir Klitschkos und seines Werdegangs festgestellt, auf der anderen Seite das Universelle in seinen Herangehensweisen identifiziert – und so die Frage beantwortet, was davon andere für sich nutzen können.

Unser erklärtes Ziel ist es, die Grundzüge der Methode so zu formulieren, dass Menschen, auch wenn sie nicht Weltmeister werden wollen, diese sinnvoll für sich und die Bewältigung ihrer individuellen Herausforderung nutzen können. Deshalb ist es uns wichtig, herauszustellen, dass die Methode *F. A. C. E. the Challenge* inhaltsneutral ist: Jeder kann F. A. C. E. einsetzen, ob individuell oder kollektiv, ob privat oder beruflich. Wir nennen das »Human Transformation«.

Diese Transformation hat auch bei jedem Einzelnen im Team stattgefunden. Jeder ist seinem Ich (dem »Who«) nähergekommen, und wir alle haben unser »Why« entdeckt oder neu definiert: Wladimirs Mindset übersetzt, zugänglich gemacht und in unterschiedliche Formate gegossen.

Der Kapitelaufbau

»Focus«, »Agility«, »Coordination« und »Endurance« sind die vier Kernfähigkeiten, die in den einzelnen Kapiteln F, A, C und E erläutert werden, um die Schlüsselfähigkeit Willenskraft zu erlernen, welche die stärkste Kraft im Leben ist, wie Wladimir

Klitschko immer sagt. Im Deutschen nennen wir diese Kompetenzen: Konzentration, Beweglichkeit, Koordination und Ausdauer. Jeder Schritt in diesem Prozess baut auf der Dualität von Körper und Geist auf.

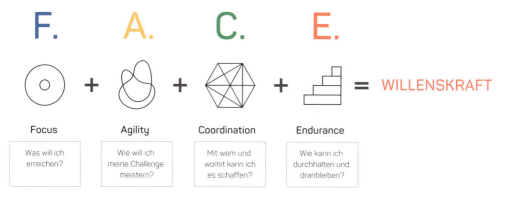

Die vier F. A. C. E.-Kapitel sind in jeweils vier Module unterteilt. Insgesamt gibt es also sechzehn identisch aufgebaute Unterkapitel. Wir starten jeweils mit einer Einführung in das Modulthema und zwei Beispielen aus dem Leben von Wladimir Klitschko. Dabei stehen seine Erfahrungen, seine Herangehensweise, sein Mindset und sein Handeln im Zentrum. Daraus abgeleitet werden universell gültige Erkenntnisse und Learnings. Das Modulthema wird zudem immer wissenschaftlich eingeordnet, und wir beantworten die Frage, welche Bedeutung dieses in der aktuellen Gesellschaft hat oder welche Debatten darum geführt werden. Danach veranschaulichen vier Beispielpersonas anhand ihrer fiktiven Biografien die einzelnen Prozessschritte.

Zum Schluss folgt in jedem Unterkapitel ein Resümee – ein sogenanntes Wrapping, in dem die Lerninhalte des Moduls übersichtlich aufgelistet sind und eine Idee vermittelt wird, was jeder aus dem Modul für sich persönlich mitnehmen kann/sollte. Wir nennen das »Learnings« und »Take-aways«. Jedes Modul endet mit einer Kernaussage von Wladimir, seinem Mantra zum Thema.

Die vier Kernfähigkeiten

FOCUS ➤ Selbstreflexion: Was willst du?

Auf Knopfdruck abschalten, auf Knopfdruck Fähigkeiten abrufen – Wladimir Klitschko ist ein Meister der Konzentration auf das Wesentliche.

Dieses Kapitel zeigt, wie es uns gelingt, zur Ruhe zu kommen, Klarheit über uns, unsere echten Beweggründe und tiefen Überzeugungen zu erzielen. Diese hundertprozentige Konzentration hilft uns bei der Antwort auf die Frage, wer wir wirklich sind. Erst wenn wir dies wissen, können wir definieren, was wir wollen.

Die zweite wichtige Frage lautet: Wo liegt unsere eigene Challenge-Zone, und wohin bewegen wir uns? Wir werden diese Fragen beantworten und unser Ziel visualisieren. Und wir werden auch zeigen, was passiert, wenn wir das Ziel nicht erreichen. Nichts im Leben ist ohne Konsequenzen.

AGILITY ➤ Selbstwirksamkeit: Wie machst du es?

Wladimir Klitschko war einer der erfolgreichsten Boxsportler aller Zeiten. Er stand lange Zeit auf Platz eins der Ranglisten im Schwergewicht – und schaffte es dazu noch wie kaum ein anderer, Menschen mit seiner Persönlichkeit und seinen Fähigkeiten zu begeistern, inner- und außerhalb des Rings.

Dieses Kapitel zeigt, dass ein Wunsch kein Ziel ist. Wir denken darüber nach, was wir brauchen, um unsere Herausforderung bewältigen zu können. Wir benötigen einen Plan, einen Weg, der uns zum Ziel führt. In den Plan integrieren wir Hindernisse und Ablenkungen, die auf diesem Weg liegen. Der Plan muss flexibel bleiben, damit wir ihn anpassen können, wenn sich Umgebung oder Rahmenbedingungen ändern. Wir gehen den Plan gedanklich Schritt für Schritt durch, bis wir sicher sind, dass wir uns auf einem gangbaren Weg befinden. Bei jedem Schritt sind wir hundertprozentig dabei und hundertprozentig bei uns. Wir lassen uns nicht ablenken oder auf unserem Weg behindern.

COORDINATION → Selbstentfaltung: Mit wem und womit?

Wie ein Orchester stimmt Wladimir Klitschko seine verschiedenen Fähigkeiten aufeinander ab. Er beherrscht die Klaviatur seines Könnens auf den Punkt.

In diesem Kapitel koordinieren wir Kopf und Bauchgefühl – wir finden das ideale ganzheitliche Zusammenspiel von Körper und Geist. Dann orchestrieren wir unsere Umgebung, unsere Gefolgsleute, unsere Gegner. Es ist für unsere Ziele immens wichtig, dass wir uns mit den richtigen Menschen umgeben und das Team mit Bedacht zusammenstellen. Es wird immer Menschen geben, die uns unterstützen, und solche, die uns aufhalten. Es gibt Konkurrenten und Befürworter, Menschen, die das Gegenteil anstreben, und andere, die neutral bleiben. Wir müssen sie alle im Blick haben.

Koordination bedeutet aber auch, die ideale Umgebung für unsere Herausforderung zu schaffen und unsere Fähigkeiten richtig miteinander zu verbinden, um ihren ganzen Mehrwert zu entfalten. Wir entwickeln unsere Lernfähigkeit immer weiter, um über uns hinauszuwachsen.

ENDURANCE → Selbstdisziplin: Wie hältst du durch?

»I can force myself, if I have to.« Wladimir Klitschkos Arbeitsethos ist legendär und hat entscheidend zu seinem Erfolg beigetragen.

In diesem Kapitel geht es um die härteste Aufgabe: Wie können wir sicherstellen, dass wir auch wirklich dranbleiben? Die Antwort heißt Besessenheit. Das Geheimnis unserer Willenskraft besteht darin, keine Kompromisse einzugehen, denn diese kosten Zeit und lenken vom Ziel ab. Obsession ist das Geheimnis der Willenskraft.

Disziplin und die Entwicklung von Gewohnheiten helfen uns dabei, ausdauernd zu agieren, denn Automatismen sparen Energie und Zeit. Ausdauer bedeutet aber auch: weitermachen – egal was passiert. Champion zu werden, ist etwas anderes, als Champion zu bleiben. Wir machen weiter, auch wenn wir Niederlagen auf unserem Weg erleben – sie sind die besten Lehrmeister. Wir glauben an uns und zeigen das auch den Schwarzsehern und Zweiflern, den inneren und den äußeren. Letzte Lektion: Keep living! Das Leben ist schön.

DIE BEISPIELPERSONAS

Mit vier unterschiedlichen Personas – beispielhaften und anschaulichen Stellvertretern – machen wir unterschiedliche Biografien und Challenges erfahrbar. So können wir zeigen, wie eine solche Transformation von F über A und C bis E aussieht. Die vier Personas befinden sich in folgenden Ausgangslagen:

ANGIE (43)

Angie ist Leiterin der Personalabteilung eines großen Konzerns. Sie lebt mit ihrem Lebensgefährten und ihren beiden Kindern aus erster Ehe zusammen. Schon seit Monaten spürt Angie häufig Stress und Abgeschlagenheit, sie hat gesundheitliche Probleme. Angie versucht regelmäßig, es allen recht zu machen – Vorgesetzten, Kollegen, Kindern und dem Partner. Nur sehr schlecht kann sie Nein sagen, wenn sie jemand um einen Gefallen bittet oder Hilfe benötigt. Dabei hat sie immer häufiger das Gefühl, sie selbst und ihre Bedürfnisse kämen zu kurz. Vor allem um ihre Gesundheit macht sich Angie häufig Sorgen, ihr größter Wunsch ist es, wieder fitter und ausdauernder zu werden. Aus dieser Situation startet Angie in die F. A. C. E.-Methode.

MAX (51)

Max ist Abteilungsleiter für Koch- und DIY-Bücher in einem großen Verlag. Er ist mit einer Lehrerin verheiratet und hat einen Sohn. Seit geraumer Zeit spürt Max, dass er mit seiner beruflichen Situation unzufrieden ist. Er agiert ungeduldig und launisch, hat regelmäßig schon am Sonntagabend den Montagsblues. Seine guten Ideen, vor allem was die Digitalisierung des Marketings im Verlag angeht, werden für seine Begriffe zu wenig oder zu langsam umgesetzt. Bislang scheute er vor dem Schritt in die Selbstständigkeit zurück. Ihn ängstigt zum einen die Unsicherheit, zum anderen hat auch die Familie Pläne, die seiner beruflichen Veränderung entgegenstehen. Vor diesem Hintergrund geht Max in die Challenge-Zone.

TIM (25)

Tim studiert berufsbegleitend Ingenieurswissenschaften. Er lebt in einer WG mit anderen Studenten, sein Hobby ist das Klettern, er spielt Gitarre in einer Band, und wenn am Wochenende kein Gig ansteht, geht er gern mit Freunden aus. Tim ist sehr dankbar für die Chance, die ihm sein Arbeitgeber gab, berufsbegleitend zu studieren, dennoch hat er jetzt im vierten Semester zunehmend das Gefühl, all den Rollen nicht gerecht werden zu können und selbst auf der Strecke zu bleiben. Er braucht Klarheit für sich: Was ist ihm wirklich wichtig – jetzt gerade, in naher und in ferner Zukunft.

JULIA (32)

Nach dem Abitur hat Julia sich bewusst gegen ein Studium entschieden, stattdessen eine Ausbildung zur Groß- und Außenhandelskauffrau absolviert. Nach dieser Ausbildung studierte sie dann doch Betriebswirtschaftslehre – mit großem Ehrgeiz, in kurzer Zeit und mit Bestnoten. Darüber hinaus hat sich Julia kontinuierlich weitergebildet, ihre Fremdsprachenkenntnisse vertieft. Der Job steht klar im Zentrum ihres Lebens. Kinder vielleicht irgendwann einmal, aber nicht jetzt. Ehrenamtlich engagiert sich Julia bei einer international tätigen Charity-Organisation und ist eng mit ihrer Familie verbunden. In ihrem Unternehmen ist Julia eine unentbehrliche Kraft, und ihr werden viele Türen geöffnet. Jetzt hat sie das Angebot erhalten, in Singapur mit einem kleinen Team an Spezialisten einen neuen Standort aufzubauen. Eine Riesenchance – doch will sie das wirklich? Traut sie sich das zu? Was gilt es zu tun, um die Entscheidung herbeizuführen und dahinterzustehen?

Ein Tipp: Wähle eine Persona, die du im Laufe des Buchs besonders begleiten möchtest, mit der du dich vielleicht besonders verbunden fühlst, und setze dich mit deren Entwicklung insbesondere auseinander. Natürlich bist du herzlich eingeladen, zudem einen Blick auf die anderen Personas zu werfen und zu verfolgen, wie sich deren Herausforderung im Laufe des F. A. C. E.-Prozesses gestaltet.

In diesem Sinne: F. A. C. E. your Challenge! Viel Spaß damit!

Tatjana Kiel und das Team von Klitschko Ventures
Hamburg, im Juni 2020

FOCUS
➤ Selbstreflexion

Was willst du?

Raus aus dem Gedankenkarussell, jetzt wirst du Ruhe und Klarheit finden – über dich, deine Bedürfnisse, deine Überzeugungen. Du wirst die Macht der Selbstreflexion erleben und definieren, wer du wirklich bist. Daraus formst du deine Herausforderung, die auf dich wartet. Du erkennst, dass du deine Komfortzone verlassen musst, um in der Challenge-Zone performen zu können. Nun weißt du, was du willst – du visualisierst dein Ziel. Und du behältst zu 100 Prozent den Fokus, egal, was passiert.

F 1: Find Clarity (Finde Klarheit)	Du konzentrierst dich auf dich selbst und erlangst Klarheit in deinen Gedanken.
F 2: Define your Who (Definiere, wer du bist)	Du lernst dich selbst, deine tiefen Bedürfnisse, Überzeugungen und Antreiber kennen.
F 3: Design the Challenge (Gestalte die Herausforderung)	Du erkennst deine eigene Komfortzone und definierst deine Challenge-Zone.
F 4: Keep calm (Bleibe ruhig)	Du bewahrst auch in hektischen Zeiten Ruhe und konzentrierst dich auf dein Ziel.

FOCUS F1

Find Clarity

(Finde Klarheit)

Ruhe, hier und jetzt, Klarheit

Konzentrationsfähigkeit ist deine Schlüsselqualifikation. Sie ist die unabdingbare Voraussetzung für all deine weiteren Pläne und dein Fortkommen. Wenn du deine Gedanken kontrollierst, dann kontrollierst du deine Energie, deine Emotionen und deine Art, auf Ereignisse zu reagieren. Worauf du gezielt deine Aufmerksamkeit richtest, das bestimmt deinen Erfolg.

Die Stille vor dem Kampf

Ein Boxkampf ist beides: Marathon und Sprint. Aber vor allem ist er ein Nervenkrieg, eine psychologische Schlacht. In der letzten Phase vor dem Duell habe ich immer nach und nach meine täglichen Gewohnheiten geändert und angepasst, ich habe meinen Tagesablauf und meine Umgebung gut organisiert: kein Handy mehr in den Tagen vor dem Kampf, kein Besuch mehr, Rückzug an einen ruhigen Ort in den Alpen mit einem sehr kleinen Team. In der Kampfwoche habe ich nur noch eine Stunde am Tag trainiert und die restliche Zeit mit mentaler Vorbereitung verbracht. So war ich optimal fokussiert und konzentriert.

Ich hatte für mich absolute Klarheit, wusste, was meine Aufgabe war, und steuerte so meine Gedanken in nur diese eine Richtung: auf den Moment des Kampfs und auf den Sieg.

Fokussieren ist ein Prozess, kein Geisteszustand

Fokus ist kein Ort, sondern eine Zeitspanne, in der du deine Konzentrationsfähigkeit allmählich erhöhst und störende Faktoren neutralisierst. In dem Moment, bevor du handelst, sollte die Konzentration am größten sein.

Maximale Konzentration

Die letzten Tage vor dem Kampf waren wichtig, die letzten 30 Meter von der Kabine in den Ring jedoch waren entscheidend: Auf diesem Weg ist es unglaublich laut. Das Publikum tobt, feuert mich an oder schreit mir den Namen des Gegners ins Gesicht. Ich weiß, die Kameras übertragen live, Millionen Menschen sitzen daheim vor den Fernsehapparaten und sehen mir zu. Um mich herum explodiert ein Feuerwerk aus Musik und grellen Lichtern. Und genau hier musste ich maximal konzentriert sein, während der Druck ebenfalls maximal war.

Meine mentale Vorbereitung brachte mir absolute Klarheit, und das wurde in den letzten Sekunden vor dem Kampf zu meiner Geheimwaffe. In Gedanken beschäftigte ich mich mit nichts anderem als mit diesem Ereignis. Ich blendete alles andere aus. Ohne diesen absoluten Fokus auf diesen Moment, diesen Gegner, dieses Ziel wäre jeder Kampf schon vor Beginn der ersten Runde verloren gewesen.

Der absolute Fokus

Dieser letzte Moment kann Wochen der Vorbereitung ruinieren, wenn du ihn nicht trainiert hast. Den absoluten Fokus kannst du nicht improvisieren – du kannst und musst ihn lernen.

Zeitnot auf der Überholspur

Fast Food und Coffee-to-go, Power-Nap und Speed-Dating: Unser Alltag wird immer schneller. Sogar Fast Fashion gibt es: Streetware- und Billiglabels werfen mittlerweile alle zwei Wochen neue Kollektionen auf den Markt. Unsere Kommunikation findet in Echtzeit via Messenger statt, wir entwickeln neue Technologien in rasendem Tempo, und was wir gestern gelernt haben, ist heute schon überholt.

Unserer gehetzten Gesellschaft hat sich der Soziologe Hartmut Rosa angenommen. In seiner Habilitationsschrift *Beschleunigung. Die Veränderung der Zeitstrukturen in der Moderne*[1] beschreibt er die Entwicklung der Technik in den vergangenen Jahrhunderten und die daraus entstandenen Neuerungen für uns alle. Er stellt fest: Der technische Fortschritt brachte uns einen ungeahnten Zeitgewinn – beim Reisen, beim Kommunizieren, im alltäglichen Leben. Flugzeug statt Kutsche, Messenger statt Schneckenpost, Waschtrockner statt Waschbrett und Leine. Doch statt mehr Zeit haben wir immer weniger davon. Wir sind ständig in Zeitnot, bringt es Soziologe Rosa auf den Punkt.

Warum? Wir haben immer mehr Möglichkeiten, wie wir unser berufliches und privates Leben gestalten, wie wir uns selbst optimieren, was wir erfahren und erleben können. Wir haben schlichtweg nicht die Zeit, in einem einzigen Leben alle Optionen auszukosten, die uns geboten werden. Lieber an die Nordsee oder nach Nepal? Bungee-Jumping oder Stand-up-Paddling? Angestellt im Konzern oder Selbstständigkeit? Keto-Diät oder Intervallfasten? »Die Steigerungsrate übersteigt die Beschleunigungsrate«, stellt Rosa fest. Was wir gerade erlebt haben, ist in der nächsten Sekunde nicht mehr up to date. Der Soziologe bezeichnet dies als »Slippery-Slope-Phänomen«: Wir rennen einen rutschigen Abhang hinauf und kommen nicht von der

---

1 Hartmut Rosa: *Beschleunigung. Die Veränderung der Zeitstrukturen in der Moderne.* Frankfurt am Main: Suhrkamp. 2005.

Stelle. Und wir müssen Nachteile befürchten, wenn wir uns ausruhen und nicht mit dem Fortschritt mithalten. Rosa sieht darin einen Verlust der Steuerungsmöglichkeit für unser Leben, denn das Tempo der Beschleunigung hat sich verselbstständigt. Das führt zu einer Entfremdung von uns selbst, im schlimmsten Fall zu Depressionen und Burn-out.

Was gegen das rasende Getöse hilft, ist Achtsamkeit: eine Idee, die ursprünglich aus dem Buddhismus stammt. Die Psychologen Kirk Warren Brown und Richard M. Ryan haben sich wissenschaftlich mit dem Thema auseinandergesetzt.[2] Sie konnten nachweisen, dass Menschen, die Achtsamkeit praktizieren, weniger Stress und Stimmungsstörungen empfinden und über eine höhere Selbsterkenntnis verfügen. Für Brown und Ryan ist Achtsamkeit dabei ein Zustand, in dem wir Dinge ganz neutral wahrnehmen. Unser Geist konzentriert sich auf die Gegenwart und registriert Vorgänge in der Realität empirisch, statt sie emotional zu bewerten – wir kommen zur Ruhe.

Zieh die Bremse, halte an!
Verweile im Hier und Jetzt, richte deine Aufmerksamkeit auf dich, und finde Klarheit.

2 Kirk Warren Brown and Richard M. Ryan: »The Benefits of Being Present: Mindfulness and Its Role in Psychological Well-Being«, in: *Journal of Personality and Social Psychology* 4/2003, S. 822–848.

Finde Klarheit – Schritt für Schritt

1. Ruhe finden
Du findest deinen Aufmerksamkeitspunkt. Durch Atmung und progressive Muskelentspannung erlangst du Ruhe.

2. Klarheit erzielen
Du erdest dich und wechselst vom Tun-Modus in den Sein-Modus. Dadurch wirst du aufnahmefähig und kannst besser wahrnehmen.

3. Distanz herstellen
Du beobachtest dich selbst und analysierst genau Emotions-, Gefühls- und Gedankenflüsse.

4. Freiraum schaffen
Du schaffst Platz im Kopf, um über das Wichtigste nachdenken zu können: dich selbst, die anderen, neue Ideen …

Die Personas in Schritt F1

ANGIE

Ich fühle mich gestresst, und es wird immer schlimmer. Ich bin schlapp und müde, überfordert und ausgelaugt, mir fehlt Vitalität. Gerade jetzt müsste ich noch E-Mails checken, die Präsentation für morgen vorbereiten, den Kindern etwas kochen und die Hausaufgaben ansehen, meine weiße Bluse bügeln und endlich die abgewetzten Balkonstühle streichen. Doch es geht nicht mehr.

Ich nehme mir jetzt eine Pause, schalte ab. Ich blicke nach innen, konzentriere mich auf den gegenwärtigen Moment. Ich beobachte mich selbst, als wäre ich eine Fremde. Gedanken und Gefühle kommen und gehen. Ich stelle fest, dass ich an meine Arbeit denke und was ich morgen zu tun habe, an die Kinder, an meinen Lebensgefährten, an meinen Ex-Mann, an meine Gesundheit, meine Kindheit, meine Eltern, sogar an mein Bankkonto und mein Gewicht. Ich fühle mich gehetzt und überfordert, bin aber auch oft stolz auf meine Leistungen. Ich richte meine Aufmerksamkeit auf die wichtigen Dinge in meinem Leben: Ich bin stolz und glücklich, tolle Kinder zu haben. Aber ich merke: Ich muss mehr auf meine Gesundheit achten, damit ich weiter so leistungsfähig bin. Ich nehme meine Emotionen wahr: Stress, Unzufriedenheit. Ja, ich bin unzufrieden mit meinem gesundheitlichen Zustand. Ich war auf der Treppe heute völlig außer Atem, meine gleichaltrige Kollegin nicht. Trotzdem spüre ich, wie mein Kopf hellwach wird.

MAX

Stress liegt mir, treibt mich an. Aber ich spüre, dass ich frustriert bin in meinem Job. Das führt zu Reibungen – mit dem Chef, den Kollegen, den Autoren. Überall ecke ich an, gerate in Konflikte und fühle mich unwohl – und die anderen, die mit mir zu tun haben, vermutlich auch. Es ist Zeit, Stopp zu sagen.

Durch progressive Muskelentspannung und bewusste Atmung finde ich meinen Aufmerksamkeitspunkt. Ich trete einen Schritt zurück und betrachte mich aus der Entfernung. Ich sitze auf meinem Balkon, schließe die Augen und lausche, liste die Geräusche auf, die zu mir kommen. Ich fokussiere mich auf diesen Moment, in dem ich hier sitze und lausche, spüre: Ist es wirklich der Job, der mich frustriert? Was genau ärgert mich so? Wobei fühle ich mich wohl, wobei unwohl? Ich werde immer klarer, schaffe Raum für Neues: Da ist dieser Gedanke von Freiheit und Unabhängigkeit, der mich nicht loslässt. Das ist mir wichtig, das merke ich sehr stark.

TIM

Ich bin jung, fühle mich fit und traue mir einiges zu. Dennoch merke ich, dass die Uni mich zunehmend fordert – die ersten Klausuren gingen schief. Und mein Arbeitgeber hat nicht nur auf meine Arbeitsleistung ein genaues Auge, sondern auch auf meine Studienleistungen. Ich fühle mich unter Druck, und auch meine Band ist nicht glücklich darüber, dass ich sehr unzuverlässig geworden bin bei den Proben. Das ist gar nicht meine Art. Klettern war ich auch schon ewig nicht mehr.

Ich muss für mich jetzt Klarheit finden: Was ist mir wichtig? Ich drücke innerlich auf die Pause-Taste. Ich nehme mir eine Woche Urlaub, den ich nur mit mir verbringe. Ich fahre ans Meer und schaue aufs Wasser, lasse alle Gedanken und Gefühle zu, die auf mich einströmen. Ich atme bewusst ein und aus. Wie sieht meine Zukunft aus? Bin ich gemacht für diesen Job? Ist meine Band mehr als ein Hobby? Wo sehe ich mich in zehn Jahren? Langsam fließen die Gedanken und fallen wie Puzzlestücke an ihren Platz. Meine Zukunft habe ich nun klar vor Augen.

JULIA

Ich komme aus kleinbürgerlichen Verhältnissen, bin das erste Mitglied meiner Familie mit einem höheren Schulabschluss. Meine Eltern sind sehr stolz auf mich – und ich auch. Karriere ist mir wichtig, und ihr ordne ich in meinem Alltag eigentlich alles unter. Bin ich fürs Kino verabredet, aber eine wichtige Präsentation muss noch fertig werden, muss das Kino eben nachgeholt werden. Zwei feste Termine habe ich in der Woche: Einen Abend verbringe ich bei meinem Team einer Umweltschutzorganisation, und wir planen Veranstaltungen und Aktionen. Mindestens einmal die Woche, meist am Sonntag, kommt die ganze Familie zusammen, wir essen gemeinsam und plaudern. Beides ist mir sehr wichtig. Jetzt habe ich diese große Chance, ins Ausland zu gehen und für mein Unternehmen noch mehr bewirken zu können. Ich bin stolz und geschmeichelt einerseits, andererseits habe ich Respekt vor der Aufgabe und davor, alles zurückzulassen, was mir hier wichtig ist. Bin ich dem gewachsen?

Ich »buche« mir Termine bei verschiedenen Menschen, die mir wichtig sind und von denen ich weiß, dass ich ihre offene Meinung erhalte. Das ermöglicht mir einen »Blick von außen«. Dadurch, dass ich meine Gefühle und Gedanken wirklich offen ausspreche und nicht nur im Kopf herumwälze, erhalte ich langsam Klarheit. Ich schaue mir genau an, welche sachlichen Argumente für die eine oder andere Entscheidung sprechen, aber auch meine Gefühle erhalten eine Stimme in dieser Auflistung.

Resümee
Jetzt findest du Klarheit!

In dieser schnelllebigen Zeit ist es manchmal schwer, die Bremse zu ziehen und dein Augenmerk konzentriert auf dich selbst zu richten, die Aufmerksamkeit für das Hier und Jetzt zu schärfen. Doch Pläne, die in Stress und Zeitnot geschmiedet werden, halten nicht. Um herauszufinden, was du wirklich willst, brauchst du Achtsamkeit und Ruhe. So findest du Klarheit und holst die Steuerung deines eigenen Lebens zurück.

Deine Learnings
- Gedanken und Gefühle besser regulieren.
- Absolute Konzentration auf sich selbst trainieren.
- Den Alltag loslassen können.
- Gelassenheit üben und Achtsamkeit entwickeln.

Deine Take-aways
- Schärfere Aufmerksamkeit.
- Präsenz im Hier und Jetzt.
- Bessere Wahrnehmung für sich selbst und die Welt.
- Selbstkontrolle und Klarheit.

Wladimir Klitschkos Essence
If you control your mind, you control everything.
Wenn du in der Lage bist, deine Gedanken zu kontrollieren, kontrollierst du letztlich alles.

FOCUS F2

Define the Who

(Definiere, wer du bist)

Der Wille kommt nicht von ungefähr, sondern von dir

Du hast jetzt Ruhe und Klarheit gefunden und richtest deine Aufmerksamkeit auf dich: Wer bist du? Die Suche nach deiner Identität ist nun der wichtigste Schritt. Entdecke deine echten Wünsche, deine tiefen Bedürfnisse, und du wirst erkennen, was dich wirklich antreibt. Du brauchst nicht in allem der Beste zu sein, die Schnellste oder der Klügste. Aber du bist am besten darin, du selbst zu sein. Genau das ist deine Stärke.

Mein Weg in die Freiheit

Als ich zwölf Jahre alt war, las ich das Buch *Robinson Crusoe* von Daniel Defoe. Held Crusoe war ein Seemann, und das Buch half mir zu entdecken, was ich wirklich werden wollte: ein freier Mann, der die Welt sehen kann, der selbst entscheidet, wohin er geht. Doch ich lebte damals in der Sowjetunion, und genau das war dort nicht möglich. Die Menschen durften keine eigenen Entscheidungen treffen, die Auswahl an Kleidung war ebenso begrenzt wie die Zahl der Länder, in die wir reisen durften. Ich musste also kreativ werden und fand einen Weg, ein Werkzeug, mit dem ich mein Ziel erreichen und die UdSSR verlassen konnte: Ich wurde Sportler.

Ich machte mir klar, was ich wirklich wollte, und erkannte, dass ich mich darüber sogar definierte. Mein Wunsch nach Freiheit war so groß, dass dieser mein Tun bestimmte. Es war mein tiefstes Bedürfnis zu reisen, und dafür war ich bereit, alles andere, auch das Boxen, auf mich zu nehmen.

Was treibt dich an?
Was sind deine tiefen Bedürfnisse?

Das sind nicht einfach nur Fragen – dies ist der Schlüssel, der immer wieder neue Möglichkeiten eröffnet. Nur wenn du dir eingestehst, wer du bist, kannst du bekommen, was du willst. Wähle die richtigen Werkzeuge, um deinem Ziel näherzukommen – auch wenn die Werkzeuge auf den ersten Blick ungewöhnlich aussehen.

Wenn es nicht passt, sage ich Nein

Es war 2003 unmittelbar vor dem Kampf gegen Corrie Sanders: Als ich in der Umkleidekabine meine Handschuhe bekam, war darauf die Werbung einer Marke, die mir überhaupt nicht entsprach. Diese war ohne meine Kenntnis und meine Zustimmung aufgebracht worden. Also strich ich die Werbung mit dickem Filzstift aus – die Handschuhe waren danach schwarz. Ich wollte mit dieser Marke nicht in Verbindung gebracht werden, weswegen es mir in diesem Moment völlig egal war, dass es finanzielle Konsequenzen haben konnte. Meine innere Stimme sagte ganz klar Nein.

Meine Werte waren stark von meinen Eltern geprägt. Ich merkte deshalb schnell, wenn für mich etwas nicht passte und kein elementarer Teil von mir war. Eine klare Position zu beziehen und klare Worte zu sprechen oder klare Handlungen zu vollziehen ist vor allem im Umgang mit Außenstehenden notwendig.

Vertraue deinem Mut

Mach keine Dinge, die du schon bereust, bevor du sie überhaupt getan hast. Deine persönlichen Vorlieben, dein Geschmack, deine Eigenheiten sind das Wertvollste, das du hast. Beschütze diese Eigenheiten, nähre sie. Sie sind das, was du bist.

Vom Selfie zur Selbsterkenntnis

Wir posten Selfies auf Instagram, teilen intime Details auf Facebook, sind durch soziale Medien eine Gemeinschaft von Selbstdarstellern geworden. Aber sind wir auch der Frage nähergekommen, wer wir wirklich sind? Oder wer wir gerne wären, wenn wir unsere Unzulänglichkeiten gnädig mit Fotofiltern kaschieren? Es ist das Paradoxon unserer Zeit: Wir wollen Individualisten sein, beschäftigen uns aber immer weniger mit uns selbst, lassen uns von außen ständig ablenken. Wir sehen uns als Individuen, aber gut fühlen wir uns erst, wenn wir eine ausreichende Anzahl von Likes bekommen – also dann, wenn wir möglichst allen gefallen. Nicht sehr individuell.

Was wir in diesen Bildern und Postings mitteilen, ist auch Teil der Story, die wir uns über uns selbst erzählen. In der Psychologie ist die »narrative Identität« die verinnerlichte und sich entwickelnde Lebensgeschichte einer Person, welche die rekonstruierte Vergangenheit und die vorgestellte Zukunft integriert, um dem Leben ein gewisses Maß an Einheit und Zweck zu verleihen. So beschreiben es die Psychologen Dan P. McAdams und Kate C. McLean in ihrem Aufsatz »Narrative Identity«.[3] Wir sind unsere eigenen Geschichtsschreiber, und oft schreiben wir unsere Geschichte um, damit die Vergangenheit einen Sinn erhält, der zu unserem heutigen Selbst passt und Hoffnung für die Zukunft

---

3 Dan P. McAdams und Kate C. McLean: »Narrative Identity«, in: *Current Directions in Psychological Science* 2013, S. 233 – 238.

verheißt. Laut McAdams und McLean helfen wir uns mit dieser Art des Storytellings selbst: Wenn wir uns erzählen können, dass auch das Leid und die Widrigkeiten des Lebens letztlich eine erlösende Bedeutung haben, wenn wir uns vergewissern, uns selbst aus einer misslichen Lage befreit zu haben, dann genießen wir ein größeres Maß an geistiger Gesundheit und Wohlbefinden.

Wir sind nicht nur die Autoren unserer eigenen Geschichte, sondern finden uns auch in den Storys wieder, die unsere Kultur hervorbringt. In diesen Metaerzählungen, ob nun Märchen oder Mythen, Religionen oder Philosophien, schaffen sich Kulturen gemeinsame Sinnstrukturen, in die wir unsere Selbsterzählung einbetten können. Der Psychologe Wolfgang Kraus wies allerdings in seinem Werk *Das erzählte Selbst. Die narrative Konstruktion von Identität in der Spätmoderne*[4] darauf hin, dass uns diese kulturellen Hintergrunderzählungen verloren gehen.

Wir müssen uns also unsere eigenen Erzählfäden schaffen, um in einer überkomplexen Welt eine verlässliche Basis dafür zu finden, was für uns von Wert ist und was nicht. Wer wir sind, und wer wir nicht sind. Wir brauchen Zeit, die wir mit uns selbst verbringen und in der wir alle Ablenkungen ignorieren und beiseiteschieben. Mit Selfies ist das nicht zu leisten – nur mit Achtsamkeit uns selbst gegenüber, mit Introspektion und einer echten Auseinandersetzung mit unserer Gegenwart, Vergangenheit und Zukunft, mit unseren Werten, unseren Bedürfnissen und Überzeugungen.

Wer bist du, und was ist deine Geschichte?
Tritt einen Schritt zurück, und erreiche Klarheit darüber, was du wirklich willst, was dich ausmacht und wofür du einstehst.

4 Wolfgang Kraus: *Das erzählte Selbst: Die narrative Konstruktion von Identität in der Spätmoderne;* Pfaffenweiler: Centaurus, 1996.

Definiere das Ich – Schritt für Schritt

1. Rückblick vornehmen
Du steigst aus dem Hamsterrad aus. Und wirfst einen Blick zurück auf die bisher gesammelten Erfahrungen.

2. Introspektion nutzen
Du skizzierst das eigene Selbstbild. Und du definierst die eigenen Werte und das eigene Leben.

3. Antreiber auflisten
Du listest deine Bedürfnisse und Überzeugungen auf. So weißt du, was du willst und warum du es willst.

4. Lebensziele erstellen
Du definierst bewusst und aktiv die eigenen Lebensziele und das eigene Leitbild – und vertrittst es mit Stolz.

Die Personas in Schritt F2

ANGIE

Ich habe schon viel erreicht, auf das ich stolz sein kann: Ich habe das Studium gut gemeistert, bin in meinem Job als Personalchefin richtig gut. Ich freue mich über meine beiden tollen Kinder, die sehr selbstständig und selbstbewusst sind für ihr Alter. Die Scheidung war hart, aber mein Ex-Mann und ich haben bei der Trennung gute Lösungen gefunden. Mein neuer Lebensgefährte ist mein Seelenverwandter, die Beziehung ist sehr gut.

Ich weiß, dass ich alles schaffen kann, was ich mir vornehme, bin sehr diszipliniert und ehrgeizig und gehe Dinge aktiv an. Ich arbeite hart und möchte dafür auch geachtet werden, Wertschätzung erfahren. Gleichzeitig habe ich gern die Kontrolle über alles, was manchmal bedeutet, dass ich viel selbst mache und eher wenig delegiere. Ich möchte das Gefühl haben, gebraucht zu werden. Für mich ist es wichtig, als sehr gute Mutter, Lebensgefährtin und Mitarbeiterin wahrgenommen zu werden. Diese Bestätigung von außen bedeutet mir viel. Am wohlsten fühle ich mich in Gruppen, die mir Halt geben und das Feedback, das ich brauche. Ich leiste viel und möchte dafür Aufmerksamkeit und Belohnung von anderen.

MAX

Ich war immer ein Macher, einer, der vorne steht. In der zweiten Reihe fühle ich mich nicht wohl. Ob als Klassensprecher oder als Fußballkapitän – ich habe mich schon als Kind und Jugendlicher für meine Ideen und Visionen gerne persönlich eingesetzt. Nach dem Studium war ich eine Zeit lang als freiberuflicher Lektor tätig. Daran gefiel mir vor allem, dass ich meine Zeit selbstbestimmt einteilen konnte.

Ich glaube an meine Selbstwirksamkeit und daran, dass ich mein Leben selbst gestalten will. Dabei möchte ich so unabhängig wie möglich sein. Gleichzeitig möchte ich gerne Dinge nach meinen Vorstellungen umsetzen können, meine Ideen in die Welt bringen. Ich brauche Freiheit und die Möglichkeit, meine Visionen und Ideen auszuleben. Dazu benötige ich Inspiration von außen, aber wenig Lob oder Zustimmung. Ob ich etwas gut mache oder nicht, bewerte ich gerne selbst. Ich brauche Freiheit und möchte mein Leben selbstbestimmt und selbstwirksam gestalten.

TIM

Mir fielen Dinge oft leicht. Klar musste ich in gute Schulnoten Zeit investieren, aber nie so viel, dass ich nicht parallel immer noch Zeit für Ausgleich und Hobbys gehabt hätte. So entstanden schon vor Jahren meine Band und auch die Leidenschaft fürs Klettern.

Ich mag es, mich zu fordern und gefordert zu werden. Mir wird schnell langweilig, weshalb ich immer in Bewegung bin: heute Bandprobe, morgen in die Kletterhalle, übermorgen nach dem Job zur Lerngruppe, am Tag danach ein Bier mit einem Schulfreund trinken gehen. Ich brauche neuen Input – ständig. Und wenn ich Bestätigung erhalte, ist das umso besser – gewissermaßen meine Kirsche auf der Torte. Ich bin gierig auf das Leben, wissbegierig, und ich brauche täglich eine kleine Dosis Adrenalin. Freunde sind mir enorm wichtig, und ich lasse nichts aus, was als Vorschlag durch meine WhatsApp-Gruppen an mich herangetragen wird. Dabeisein ist alles für mich.

JULIA

Es kostete mich Kraft, meine Eltern davon zu überzeugen, dass ich aufs Gymnasium gehen möchte, Abitur machen, um mir später alle Möglichkeiten offenzuhalten. Bis zum Schluss waren sie skeptisch, ob ich das schaffe. Nach dem Abi habe ich, auch ein wenig ihnen zuliebe, erst einmal die Ausbildung gemacht, um etwas Handfestes in der Tasche zu haben. Doch ich merkte schnell: Ich will und ich kann mehr. Also verließ ich das Unternehmen, sagte adieu zu meinem Ausbildungsbetrieb und ging doch auf die Uni. Die in meiner Heimatstadt hat einen sehr guten Ruf, ich bin hier gut vernetzt und konnte mir in den Semesterferien und auch mal zwischendurch etwas dazuverdienen. Nach dem Studium bin ich zurück in meinen Ausbildungsbetrieb und habe dort viel Wertschätzung erfahren.

Mir sind Verbindlichkeit und Loyalität sehr wichtig. Mit dem Unternehmen gab es durchaus auch schon schwierige Zeiten, die wir gemeinsam überwinden konnten. Niemals wäre ich auf die Idee gekommen, die Firma im Stich zu lassen. Da muss man eigene Eitelkeiten eben mal hintanstellen und gemeinsam anpacken. Dann schafft man alles. Und jetzt sind wir wieder auf der Spur und gerade sogar auf Expansionskurs. Das ist auch ein Stückchen mein Verdienst.

Resümee
Jetzt definierst du dein Ich

Du hast jetzt deine Aufmerksamkeit trainiert und fokussierst dich auf das Wichtigste: dich selbst. Was ist deine Geschichte? Du definierst deine narrative Identität, du reflektierst deine Biografie und die Meilensteine, die du schon erreicht hast. Erst wenn du weißt, wer du bist, was dich ausmacht und was dich antreibt, kannst du sinnvolle, nachhaltige und erreichbare Pläne für die Zukunft schmieden. Das ist kein leichter Prozess, aber ein immens wichtiger.

Deine Learnings
- Die Macht der Selbstreflexion entdecken.
- Die Kunst der Selbstbeschreibung erlernen.
- Explizite und implizite Motive, Sehnsüchte und Bedürfnisse aufdecken.
- Dynamisches Selbstbild als Motor wahrnehmen und nutzen.

Deine Take-aways
- Instrumente erhalten und bedienen lernen, um sich noch besser kennenzulernen.
- Klarheit darüber erlangen, was die eigenen Antreiber sind und worauf man selbst Wert legt.
- Verstehen, warum ein besseres Selbstverständnis für die eigene Entwicklung wichtig ist.

Wladimir Klitschkos Essence
To find your why, you first have to find your who.
Um dein Warum zu finden, musst du zuvor definieren, wer du bist.

FOCUS F3

Design the Challenge

(Gestalte die Herausforderung)

Herausforderung ist dort, wo du über dich hinauswächst

Du hast ein tiefes Verständnis für dich, deine echten Wünsche und tiefen Bedürfnisse erlangt. Nun geht es darum, vom Wünschen zum Wollen zu kommen und dein Ziel zu entwickeln. Bedenke: Die Probleme, die dir dabei begegnen, existieren niemals an sich, sie sind ein Konstrukt. Sie sind das Ergebnis aus falschen Wahrnehmungen, schlechten Gewohnheiten, Ängsten und Konventionen, die deinen Geist allzu sehr beschäftigen. Es gibt immer einen Weg. Wenn du die Schwierigkeiten akzeptierst, kannst du daraus etwas über dich selbst und die Welt lernen – und daran wachsen. Genau das ist das Salz des Lebens. Akzeptiere die Herausforderungen, ja, provoziere sie! Und dann stelle dich ihnen.

Ich wollte der Beste werden

Damals war ich Mitglied im ukrainischen Boxteam und erhielt 1996 die Chance, an den Olympischen Spielen teilzunehmen. Für mich war klar: Ich wollte die Goldmedaille! Und die bekam ich auch. Danach entschied ich mich, in den Profisport einzusteigen – und noch mehr: Ich wollte der Beste werden und gemeinsam mit meinem Bruder Vitali alle Titel der wichtigsten Boxverbände erkämpfen. Dieses Ziel habe ich bildlich vor mir gesehen. Ich sah mich, ich sah meinen Bruder, wie wir alle Gürtel tragen. Ich sah jedes Detail, als sei es real.

Die Goldmedaille hatte mir niemand zugetraut. Zwischendurch habe selbst ich nicht mehr an mich geglaubt. Eine Lebensmittelvergiftung und ein böser Traum hatten es mir in den Tagen vor dem Finale nicht leichter gemacht. Letztlich nahm ich meinen Sieg in die eigenen Hände, und das olympische Gold wurde zu einem neuen Anfang, einem neuen Ziel. Seither gestaltete ich meine Herausforderungen mit viel mehr Mut und Selbstbewusstsein.

Dein Ziel ist nicht nur ein Ziel

Es muss ein Bild sein, das dich nicht mehr loslässt, eine echte Obsession. Unterschätze niemals die Kraft deiner eigenen Vision! Visualisiere dein Ziel und nähre es mit Farben, Formen, Gefühlen. Mach es dir zu eigen, und es fällt dir leicht, vom Wünschen zum Wollen zu kommen.

Zweite Karriere mit Challenge Management

Ich wusste schon sehr früh: Es wird ein Leben nach dem Profisport geben. Und ich wusste auch, dass ich diese zweite Karriere mit derselben Energie und Konsequenz planen würde, wie ich meine Boxkarriere angepackt hatte.

Mir wurde dabei klar, dass meine Art, Dinge anzugehen, eine echte Lebensphilosophie ist, die mich begleitet. Diese nannte ich Challenge-Management. Kern der Philosophie ist die Fähigkeit, aus Problemen Herausforderungen zu machen. Um diese Philosophie für alle zugänglich und sie in jeden Alltag integrierbar zu machen, entwickelte ich mit meinem Team von Klitschko

Ventures die Methode *F. A. C. E. the Challenge* – damit nahm meine zweite Karriere richtig Fahrt auf.

Die Erschaffung von F. A. C. E. bedeutete, eine neue Herausforderung zu definieren, eine neue Möglichkeit, über mich hinauszuwachsen. Dafür gab es kein Vorbild, niemanden, der so etwas schon einmal so umgesetzt hatte, wie ich es mir ausmalte. Da war sie, meine neue Challenge-Zone, in der ich mich gut fühlte, denn das bedeutete, etwas komplett Neues auszuprobieren, ohne von vornherein zu wissen, ob und wie es funktioniert. Hier war mein Bauchgefühl die Triebfeder.

Ein Ziel zu haben ist kein Ziel an sich

Herausforderungen lassen uns lernen und wachsen – so kannst du der Mensch werden, der du wirklich bist. Damit ist jede Herausforderung nichts anderes als ein Baustein, um dein Leben zu gestalten. Entwickle und formuliere dein eigenes Ziel – ganz konkret. Überlege, wohin du dich entwickeln musst, um dieses Ziel zu erreichen, wo deine Challenge-Zone konkret liegt. Denke an deine Erfahrungen und deine Art, den Ereignissen in deinem Leben zu begegnen. Dein persönlicher roter Faden hilft dir, alle Punkte miteinander zu verbinden: Menschen, Ereignisse, Gutes und Schlechtes.

Die Komfortzone verlassen macht klug

Wir glauben, wir wären im 21. Jahrhundert – doch große Teile unseres Gehirns befinden sich noch in der Steinzeit: der Hirnstamm zum Beispiel, zuständig für lebenserhaltende Instinkte und Funktionen. Seit jeher hindert uns unsere instinktive Schmerzvermeidung daran, allzu große Risiken einzugehen. Das war damals in der Savanne ebenso vorteilhaft wie jetzt im Straßenverkehr. Nach Genüssen aller Art suchen wir früher wie heute, und die Ungeduld beim Essen kommt nicht von ungefähr – es könnte uns ja jemand die Leckereien streitig machen, die wir erbeutet haben.

Der Wunsch nach größtmöglicher Sicherheit und sofortiger Genussbefriedigung entspringt unserem Steinzeit-Ich, doch wirklich erfolgreich wurden wir Menschen erst, als sich unser Vorderhirn weiterentwickelte: Durch den präfrontalen Cortex wurden wir fähig zu reflektieren. Wir konnten nun unsere Sicherheitsbedenken und die kurzfristige Bedürfnisbefriedigung zurückstellen, um geplante Risiken einzugehen und langfristig zu agieren.

Uns immer nur in unserer kuscheligen Komfortzone zu bewegen ist nicht hilfreich. Das wiesen der Neurowissenschaftler Daeyeol Lee und seine Kollegen Bart Massi und Christopher H. Donahue in einer Studie nach:[5] »Wir lernen nur dann dazu, wenn wir uns in unsicherem Terrain bewegen«, sagt Lee. Unsere modernere Gehirnregion, der präfrontale Cortex, wird dann besonders aktiv, wenn wir auf unbekannte Situationen stoßen – wenn wir also nicht auf gewohnte Handlungen zurückgreifen können, sondern einen neuen Plan machen müssen. Es spricht also alles dafür, unsere Komfortzone zu verlassen. Nur so geben wir unserem Gehirn die Chance zu lernen – und genau das lässt uns wachsen.

Doch aus oftmals guten Gründen setzen wir lieber auf Risikominimierung. Die Welt wird immer komplexer, das Leben immer unüberschaubarer. Gleichzeitig versuchen wir, jeden nur möglichen Schaden durch Versicherungspolicen abzusichern, die Trendforscherin Faith Popcorn prägte bereits in den 1980er-Jahren den Begriff »Cocooning«: Das bezeichnet eine Tendenz der heutigen Gesellschaft, sich ins häusliche Privatleben zurückzuziehen. Allein daheim mit Pizzaservice, Netflix-Abo und Dauerdaddeln auf Social-Media-Kanälen erleben wir Herausforderungen und Abenteuer nicht selbst, sondern secondhand, durch

---

5 Daeyeol Lee, Bart Massi, Christopher H. Donahue: »Volatility Facilitates Value Updating in the Prefrontal Cortex«, in: *Neuron* 3/2018, S. 421–624, 2018.

Influencer und Serienhelden. Dabei ist eines klar: Das Leben in der vermeintlichen Komfortzone beruhigt, nimmt uns aber auch viele ungeahnte Möglichkeiten – und insgeheim wissen wir das.

Trau dich!
Erst wenn du dich auf unbekanntes Terrain begibst, kannst du die beste Version deiner selbst werden.

Gestalte die Herausforderung – Schritt für Schritt

1. Komfortzone skizzieren
Zunächst skizzierst du deine Komfortzone. Ist sie wirklich so bequem? Was verpasst du, wenn du sie nicht verlässt?

2. Mauern auflisten
Du listest die verschiedenen Mauern auf, die dich umgeben: Alltagstrott, Ängste, Ausreden, Ego …

3. Challenge-Zone definieren
Wo findet das Leben statt? In welche Richtung kannst du über dich hinauswachsen? Wer willst du werden?

4. Mauern aufbrechen
Es ist Zeit, die Mauern zu durchbrechen, aufzubrechen und Erfahrungen zu sammeln, die dich bereichern.

Die Personas in Schritt F3

ANGIE

Ich bevorzuge Tätigkeiten, die ich gut kann und bei denen ich glänze. Alles selbst machen zu wollen gehört tatsächlich auch zu meiner Komfortzone: Ich werde richtig nervös, wenn ich Aufgaben delegiere. Wenn ich das doch einmal tue, kontrolliere ich die Ergebnisse so oft, dass meine Mitarbeiter, mein Lebensgefährte oder meine Kinder genervt sind. Doch ich muss etwas für mich tun: Sport. Woher nur die Zeit nehmen? Mit einer Freundin war ich einmal beim Yoga und habe mich geniert, so viel weniger beweglich zu sein als die anderen. Ich befürchte, dass ich mich weniger wichtig fühlen werde, wenn ich mir einfach Zeit für Sport nehme. Was ist, wenn die anderen mich doch nicht so dringend brauchen, wie ich es mir vorstelle?

Ich bin es einfach nicht gewohnt, nur auf mich zu blicken. Doch wenn ich jetzt nicht auf mich und meine Gesundheit aufpasse, werde ich mir richtig schaden – das sagt auch mein Arzt. Ich leiste gerne viel, möchte dann aber auch eine Medaille – das ist doch mein Motto. Also hole ich mir diese Medaille! Ich werde einen Marathon laufen!

Um die Zeit für das Training aufzubringen, muss ich mehr Vertrauen in mich und meine Umgebung setzen: Meine Firma und meine Familie werden zeitweise auch ohne mich klarkommen – und ich werde damit klarkommen, dass Dinge auch ohne mich funktionieren können. Ich bin eine gute Mutter, weil ich meine Kinder liebe, und nicht, weil ich einem Vierzehnjährigen immer noch das Zimmer aufräume. Ich vertraue mir und den anderen.

MAX

Freiheit schön und gut, aber als Angestellter bekomme ich jeden Monat mein Geld sicher. Nur deshalb kann ich überhaupt über Hauskauf und Auslandsstudium meines Sohns nachdenken. Wenn etwas schiefläuft, muss ich nicht sofort persönlich dafür geradestehen, da ist der Verlag im Hintergrund. Alle meine Freunde und Familienmitglieder sind ebenfalls Angestellte, sie betrachten Selbstständigkeit als großes Risiko. Doch ich werde das Gefühl der Freiheit nicht erleben, wenn ich das Risiko nicht eingehe. Ich habe Angst davor, mich beruflich zu verändern – wer weiß, ob es nach der Veränderung besser wird? Die Verlagsbranche ist im Umbruch, das kann auch scheitern. Ich habe eine Familie. Lisa und ich wollen ein Haus kaufen, Alex will studieren – das muss alles bezahlt werden. Auch wenn das heute altmodisch klingt, aber ich begreife mich auch als Versorger.

Trotzdem: Ich habe mich immer als freien Menschen betrachtet, als Macher. Also mache ich jetzt: Ich kündige und werde einen eigenen Verlag gründen! Ich habe viele tolle Ideen, die ich schon immer einmal umsetzen wollte. Da gibt es eine Themenlinie in meiner Abteilung, die Erfolg versprechend ist und die ich gerne ausbauen möchte. Ich glaube an mich und meine Fähigkeiten. Wenn anfangs noch wenig Geld hereinkommt, muss ich eben an meine Rücklagen ran. Meine Freiheit ist jetzt wichtig. Ich werde mit meiner Familie besprechen, wie wir das gemeinsam schaffen können.

TIM

Ich mag es, den Tag auf mich zukommen zu lassen. Die Verpflichtungen durch Uni und Job, Bandproben und Kletterverabredungen geben meinem Tag eine Struktur, und dazwischen mache ich, wonach mir gerade ist. Bislang hat das auch gut geklappt, aber die Zeitfenster, die ich für mich habe, werden immer enger, und immer öfter fällt etwas hintenüber: Ich vergesse die Abgabe einer Hausarbeit oder die Deadline eines Projekts. Das macht mir zunehmend Angst, denn ich habe das Gefühl, dass mir mein Leben entgleitet und ich nicht mehr Treiber, sondern Getriebener bin. Das will ich aber so nicht mehr: Ich möchte wieder Herr über mein Leben sein!

Eigentlich habe ich gerade für nichts mehr richtig Zeit. Doch was kann ich schon ändern? Job und Studium habe ich mir so ausgesucht, die Band und das Klettern sind ebenfalls Teil meines Lebens. Und worauf ich auf keinen Fall verzichten will: mit meinen Freunden ab und an um die Häuser zu ziehen. Es hilft nichts: Ich muss mich klarer strukturieren und positionieren. Meine Freunde – und auch

48

ich – werden sich daran gewöhnen, dass ich nicht mehr bei jeder Unternehmung vorn dabei sein werde. Ich nehme die Zügel wieder selbst in die Hand und lasse mich weniger durch die Tage, Wochen und Monate treiben ... Ich muss Prioritäten setzen.

JULIA

Meine Familie ist mein Ruhepol, mein Anker. Ich habe zwar in Sachen Abitur und Studium meinen Kopf durchgesetzt, bin aber dem unausgesprochenen Wunsch meiner Eltern nachgekommen, nicht in eine andere Stadt zu ziehen. Dafür gab es für mich auch nie einen Anlass: Ich liebe meine Heimat und freue mich, wenn ich beim Bummeln auf alte Schulfreunde treffe. Viele sind im Laufe der Jahre weggezogen, einige davon sind jetzt wieder zurück. Was also habe ich verpasst, dass ich erst gar nicht weggegangen bin? Ich bin ein Sicherheitsfanatiker und brauche das Gefühl, aufgefangen zu werden, sollte ich doch mal fallen. Das ist »weit weg« deutlich schwieriger als in der gewohnten Umgebung. Trotzdem fühlte es sich schon gut an, als ich zu Hause ausgezogen bin und meine eigene Wohnung eingerichtet habe, hier tun und lassen kann, was ich will. Ich bekomme Job und Freizeit und Haushalt gut unter einen Hut, auch für meine Leidenschaft, das Lernen von Fremdsprachen, ist noch Zeit.

Vielleicht ist es an der Zeit, diese Leidenschaft nun noch weiter auszubauen und eine neue Wohnung zu beziehen, in einem anderen Land, auf einem anderen Kontinent – aber könnte das nicht spannend sein? Und: Wenn nicht jetzt, wann dann? Jetzt habe ich die Chance, mein Chef traut es mir zu, ich mir insgeheim auch, und meinen Eltern habe ich ja schon mehrfach bewiesen, dass ich mehr kann, als sie mir zutrauen. Vielleicht ist es jetzt Zeit zu springen, loszulassen – und ich bin mir sicher, dass auch »am anderen Ende der Welt« meine Familie mich auffangen würde, wenn es nötig ist. Ich mache es! Ich sage zu und gehe nach Singapur!

Resümee
Jetzt gestaltest du die Herausforderung!

Du weißt, wer du bist und was du willst. Du hast dein Ziel visualisiert und dich deiner Komfortzone bewusst gemacht. Du weißt, dass du dich aus ihr herausbewegen musst, um zu wachsen, zu lernen und erfolgreich zu sein. Hier ist die Challenge-Zone. Nichts ist sicher – aber alles ist möglich!

Deine Learnings
- Die Macht und die Schwerkraft der Komfortzone verstehen und spüren.
- Die eigene Bequemlichkeit unbequem machen.
- Ziele mit Emotionen, Vorstellungen und Symbolkraft auszukleiden lernen.
- Die Challenge-Zone beschreiben und die eigene Begeisterung auslösen.

Deine Take-aways
- Klarheit darüber, warum man die Komfortzone bevorzugt.
- Die eigenen Ausreden für das Verharren in der Komfortzone wahrnehmen, verarbeiten und bekämpfen.
- Sehen, dass es nicht darum geht, zu wissen, was man will, sondern darum, wer man werden will.
- Verstehen, dass man etwas opfern muss, um nicht seine Träume zu opfern.

Wladimir Klitschkos Essence
I don't have problems, I only know challenges.
Ich habe keine Probleme, ich kenne nur Herausforderungen.

FOCUS F4

Keep Calm

(Bleibe ruhig)

Ruhe bewahren. Fokus behalten

Auch wenn du jetzt weißt, wie du Ruhe bewahrst und dich fokussierst, auch wenn du dich selbst kennst und deine echten Wünsche, auch wenn du deine Herausforderungen präzise gestaltet und dich deiner Komfortzone bewusst gemacht hast: Du weißt auch, dass es Hindernisse, Gegner und Unruhestifter gibt – und du wirst ihnen unweigerlich begegnen. Betrachte sie als Lehrer. Sie sind lediglich der Beweis dafür, dass du dich für dein Ziel auf den Weg gemacht hast. Bestehe diesen Test, bleibe ruhig und mache weiter.

Auge in Auge mit der Herausforderung

Beim offiziellen Wiegen kurz vor jedem Kampf gibt es ein Ritual: den »Stare-down«. Dabei stehen sich die Boxer gegenüber und sehen sich in die Augen, teilweise für einige lange Minuten. Die Wettkämpfer können dabei bedrohlich oder spielerisch wirken, ernst oder theatralisch, manchmal alles auf einmal. Dieser Blick sagt mehr als tausend Worte und zeigt die Fähigkeit zur Selbstbeherrschung: dem Gegner direkt in die Augen zu sehen, einen Tag vor dem Kampf und meist nach wochenlangen, gegenseitigen Provokationen.

Der Stare-down und alles, was zu solch einem Termin dazuge-hört, ist der letzte Schritt, sodass ich ganz ruhig und durch nichts aus meiner Ruhe zu bringen bin. Ich bin ganz bei mir und in vol-lem Fokus – egal, wie sich mein Gegner in dieser Situation verhält.

Volle Konzentration!

Sich stressigen Situationen stellen zu können ist eine wichtige Fähigkeit. Konzentriere deine Energie und Aufmerksamkeit auf diesen einen Moment, ohne den Fokus auf dein Ziel aus dem Blick zu verlieren. Stell dich deiner Herausforderung, sieh ihr ins Auge. Und zeige deiner Herausforderung, dass du keine Angst hast. Du hast die volle Kontrolle!

Selbstbeherrschung – auch wenn ich attackiert werde

Im Weltmeisterschaftskampf im Schwergewicht nach WBC-Ver-sion trat mein Bruder Vitali im Februar 2012 gegen Dereck Chi-sora aus Großbritannien an. Ich war an seiner Seite, wie immer. Beim Stare-down nach dem Wiegen gab Chisora meinem Bru-der urplötzlich eine schallende Ohrfeige. Und damit noch nicht genug: Einen Tag später, kurz vor dem Kampf merkte ich, dass Chisora noch etwas plante. Deshalb stellte ich mich vor meinen Bruder, als Chisora sich auf ihn zu bewegte. Die Spuckattacke, die folgte, bekam ich ab. Doch ich blieb ganz bei mir und ganz ruhig. Ich hätte zuschlagen können. Aber mir war die Konse-quenz klar, dass der Kampf nicht stattfinden würde, würde ich die Antwort mit der Faust geben. Das war die Nacht meines Bru-ders, und die wollte ich ihm nicht verderben.

Mein Bruder konnte durch meine Reaktion in seinem Fokus bleiben, und der Kampf fand wie geplant statt. Gleichzeitig transportierte ich dem Gegner: »Mein Bruder wird dir in einer Minute im Ring antworten. Nur Geduld.«

Unvorhergesehene Dinge können und werden immer passieren. Ruhe zu bewahren und sich auf das Wesentliche zu konzentrieren habe ich gelernt.

Lass dich nicht aus der Ruhe bringen!

Darum geht es bei einer Provokation: Sie soll eine negative Reaktion verursachen, deinen Fokus brechen und dich aus der Haut fahren lassen. Wenn du mit einer Provokation konfrontiert bist, dann reagiere nicht, sondern fokussiere dich neu. Bedenke wieder und wieder dein Ziel und den Moment, in dem du dich befindest. Wenn du das nicht tust, bist du auf dem besten Weg, eine schlechte Entscheidung zu treffen. Sobald Wut und Emotionen verflogen sind, bleiben nur noch Bedauern und negative Folgen.

Stress macht krank – und bringt uns voran

Unsere »hysterische Gesellschaft« beklagte Soziologe und Trendforscher Matthias Horx schon Anfang der 2000er-Jahre: Der Diskurs werde nur noch von Emotionen bestimmt, und ein Dialog mit der Realität fände kaum noch statt. Knapp zwanzig Jahre später debattieren wir auf Facebook, Instagram und Twitter, es geht dort sehr emotional zu, und es ist äußerst laut. Auf jede noch so kleine Verfehlung wird mit einem veritablen Shitstorm reagiert, jede gesellschaftliche Gruppierung befindet sich im Zustand chronischer Empörung, es geht meist um große Gefühle, weniger um echte Fakten.

Die Medien spielen mit bei diesem Alarmismus, denn das verspricht Reichweite: Vor allem polarisierende Headlines werden gelesen und geklickt. Im Kampf um die Aufmerksamkeit des Publikums werden immer drastischere Mittel eingesetzt, es stechen nur noch die Themen heraus, die hoch emotional daherkommen.

Storytelling ist das Buzzword der Stunde, um noch mehr Emotionen und Engagement zu triggern. Dieser Sturm der Gefühle erzeugt Stress, wo eigentlich Ruhe vonnöten wäre. Zu viel Druck gilt als Verursacher von Herz-Kreislauf-Problemen und psychischen Erkrankungen wie Burn-out oder Depressionen.

Dabei ist Stress eine echte Meisterleistung unseres Körpers: Denn der hat eine Alarmsituation gewittert und macht sich bereit für Kampf oder Flucht. Der Herzschlag beschleunigt sich, die Muskeln spannen sich an, wir sind randvoll mit Noradrenalin, Adrenalin und Cortisol – und können nun blitzschnell zuschlagen oder wegrennen. Diese Fähigkeit unseres Körpers hat unser Überleben gesichert und dafür gesorgt, dass wir uns immer wieder an wechselnde Umweltsituationen anpassen konnten.

Was uns belastet, ist vor allem negativ empfundener Dauerstress. Denn aktuelle Forschungen zeigen, dass unsere eigene Einstellung gegenüber stressigen Situationen dafür ausschlaggebend ist, ob uns der Druck krank macht oder nicht. In einer Studie zeigen die Psychologen Alia J. Crum, Peter Salovey und Shawn Achor,[6] dass die eigene Bewertung einer belastenden Situation entscheidend ist für die körperliche Stressantwort. Das heißt: Wenn wir daran glauben, dass Stress eine für uns hilfreiche Umsetzungsenergie freisetzt, verspüren wir deutlich weniger Stresssymptome als jene, die Stress als grundsätzlich negativ empfinden.

Böse Auswirkungen hat Stress dann, wenn er chronisch ist, gegen unseren Willen von außen kommt, von uns nicht kontrollierbar ist und wenn wir in ihm keinen Zweck sehen. Wer jedoch glaubt, das eigene Leben selbst gestalten zu können, und in der Lage ist, stressigen Situationen einen Sinn zu verleihen, so die Forscher, kann besser damit umgehen und den Druck sogar für positives Fortkommen nutzen.

---

6 Alia J. Crum, Peter Salovey, Shawn Achor: »Rethinking Stress: The Role of Mindsets in Determining the Stress Response«, in: *Journal of Personality and Social Psychology* 4/2013, S. 716 –733.

Behalte die Kontrolle!
Nutze Anspannung und Entspannung, um selbstbestimmt und aktiv deine Ziele und dein Leben zu steuern.

Ruhig bleiben – der Prozess

Im Zentrum des Kreises steht deine Identität: Du weißt jetzt, wer du bist und was du willst. Du hast Klarheit über dich und deine Ziele, Bedürfnisse und Überzeugungen erlangt. Du kennst deine Herausforderung. Um deine Vorhaben erfolgreich umzusetzen, durchläufst du drei Schritte: Fokus, De-Fokus, Re-Fokus. So bist du ruhig auch angesichts des kommenden Sturms der Veränderung.

Prozessteil 1: Fokus

Du weißt, wer du bist und was du willst. Du bist vollkommen klar und richtest deine volle Aufmerksamkeit auf dich und dein Ziel.

Prozessteil 2: De-Fokus

Du lässt die Anspannung hinter dir und findest zur Ruhe.

Prozessteil 3: Re-Fokus

Du kennst dich und dein Vorhaben genau, du stellst dich jetzt der Herausforderung.

Die Personas in Schritt F4

ANGIE

Ich will meine Gesundheit erhalten. Das hat für mich oberste Priorität. Ich werde mir die Zeit jetzt nehmen, denn ich brauche sie. Ich trainiere für einen Marathon. Was, wenn ich es nicht schaffe? Was werden Mitarbeiter und Familie sagen, wenn ich delegiere? Ich lasse mich nicht von Ängsten überwältigen, sondern bewahre Ruhe. Es ist Zeit zu handeln. Ich fange an.

MAX

Ich will frei sein und meine eigenen beruflichen Entscheidungen treffen. Ich mache mich selbstständig. Das ist vielleicht ein bisschen verrückt! Aber es fühlt sich wieder und endlich nach mir selbst und meinem Leben an. Diese Herausforderung werde ich meistern. Morgen fange ich an.

TIM

Ich befreie mich von der »gesellschaftlichen« Pflicht meinen Freunden gegenüber. Ich springe nicht mehr auf jeden Zug auf, mache nicht mehr immer alles mit. Ich setze jetzt mich an die erste Stelle und schalte mal einen Gang zurück. Vielleicht verliere ich so den ein oder anderen Kumpel, aber echte Freunde werden bleiben und mich verstehen. Ich bin der Kapitän meines Lebens! Und ich informiere jetzt die »Mannschaft«.

JULIA

Ich werde umziehen! Nach Singapur! Der Gedanke fühlt sich jeden Tag vertrauter an. Ich wage diesen Sprung und bin mir sicher, meine Familie wird mich unterstützen, und auch meine Freunde der Umweltorganisation werden sich mit mir freuen. Ich bin voll freudiger Erwartung, aber innerlich ganz ruhig und ausgeglichen und klar mit meiner Entscheidung. In drei Monaten bin ich in Asien.

Resümee
Jetzt bewahrst du Ruhe!

Du hast deine Herausforderung definiert – und du hast Angst vor dem, was kommt. Doch du weißt, wer du bist, wie du zur Ruhe kommst und wie du dich immer wieder neu fokussierst, um dein Ziel im Blick zu behalten. Stress nutzt du als hilfreiche Energie, die dich deine Ziele erreichen lässt.

Deine Learnings
- Subjektiven Stress als Gefahr für die Leistungsfähigkeit erkennen.
- Ruhe finden können und dabei das Ziel immer im Blick behalten.
- Stress in starkes Drehmoment zu mehr positivem Antrieb verwandeln.

Deine Take-aways
- Ruhe bewahren und wiederherstellen, wenn es nötig ist.
- Emotionen regulieren und nutzen.
- Zielfixierung als mächtige Waffe verstehen.
- Klarheit über den Stellenwert von Selbstbeherrschung haben – für sich selbst und für Beziehungen im Umfeld.

Wladimir Klitschkos Essence
Focus, defocus and refocus. That's the movement of success.
Fokus, De-Fokus und Re-Fokus: Das ist der Kreislauf des Erfolgs.

AGILITY
 Selbstwirksamkeit

Wie machst du es?

Du weißt nun, wer du bist und was du willst. Doch ohne Plan bleibt dein Ziel ein Wunsch. Du wirst jetzt deiner Herausforderung eine Infrastruktur geben und analysieren, was du brauchst, um dein Ziel zu erreichen. Du identifizierst die Erfolgsfaktoren, du integrierst die Hindernisse und Ablenkungen auf deinem Weg und weißt, wie du Hürden nehmen und Störungen beseitigen kannst. Dein Plan wird dabei flexibel bleiben, du kannst ihn jederzeit an geänderte Bedingungen anpassen. Du weißt jetzt, dass Überraschungen das Salz in der Suppe des Lebens sind und kein Grund, von deinem Ziel abzulassen.

A1: Define Plan (Plan definieren)	Du visualisierst dein Ziel und erstellst deinen Plan für den Weg dorthin.
A2: Integrate Obstacles (Integriere Hindernisse)	Du integrierst die Hürden in deinen Plan und machst dir bewusst, wie du sie überwinden wirst.
A3: Neutralize Distractions (Neutralisiere Ablenkungen)	Du erkennst Ablenkungen und erarbeitest dir eine Strategie, wie du sie vermeidest.
A4: Keep Flexible (Bleibe beweglich)	Du weißt, dass Überraschungen immer wieder deine Pläne, aber du reagierst flexibel darauf.

AGILITY A1

Define Plan

(Plan definieren)

Ohne Plan wird das Ziel zum Hindernis

Dein Fokus ist da, deine Challenge-Zone ist identifiziert – jetzt trittst du in Aktion. Doch wenn du keinen Plan hast, hast du keine Chance. Auch ein schlechter oder unpräziser Plan ist keine Hilfe. Was du jetzt brauchst, ist eine klare Vorstellung deines Ziels und deiner Route dorthin. Du brauchst deinen individuellen Plan, der zu dir und deiner Herausforderung passt. Erarbeite ihn sorgfältig, denn er wird deinen weiteren Weg entscheidend bestimmen.

Mein Geheim-Training

Sehr früh in meiner Karriere als Boxer wurde bei einer medizinischen Untersuchung festgestellt, dass ich einen Wirbel zu viel habe. Ich gehörte damals zu den Junioren im Nationalteam der Sowjetunion. Bei manchen Übungen, die der Trainer anordnete, hatte ich wegen des überzähligen Wirbels starke Schmerzen, zum Beispiel beim Lauftraining. Ich bat den Coach um ein anderes Trainingsprogramm, doch er lehnte ab. Sonderwünsche waren im Kommunismus nicht gern gesehen. Ich entschied mich, meinen eigenen Weg zu gehen: Ich kürzte das Laufprogramm ab und machte heimlich für mich passendere Übungen, wenn der Coach nicht hinsah. Und das erwies sich als genau richtig. Dadurch habe ich damals verstanden, dass ich auf meinen Körper hören und seine Eigenheiten und Gegebenheiten respektieren muss, wenn ich erfolgreich sein möchte.

Schon zu diesem frühen Zeitpunkt wurde mir bewusst, dass ich für mein Ziel einen auf mich maßgeschneiderten und individuellen Plan brauche, um mein Ziel zu erreichen. Seitdem definiere ich einen Plan, bevor ich an die Umsetzung gehe.

Du brauchst *deinen* Plan

Um dein Ziel zu erreichen, brauchst du nicht irgendeinen Plan – du brauchst *deinen* Plan. Je individueller du deinen Weg zum Ziel gestaltest, desto besser und nachhaltiger werden deine Ergebnisse sein.

Einen Schritt vorausdenken

Während ich noch als Athlet meine zweite Karriere plante und aus meinen Erfahrungen als Leistungssportler eine Methode entwickelte, wurde mir klar: Ich brauchte für meine Herausforderung eine echte Infrastruktur, ein Team zur strategischen Unterstützung. Diese Hilfe erhielt ich durch mein Backoffice, das 2016 mit der Gründung von Klitschko Ventures konkrete Formen annahm.

Ich habe mich frühzeitig und parallel zu meiner ersten mit meiner zweiten Karriere beschäftigt. So war ich perfekt vorbereitet und konnte mich mit meinem vorher geschmiedeten Plan und dem richtigen Team sofort an die konkrete Umsetzung machen, als ich mich als Profiathlet aus dem Boxring verabschiedete. Alles war an Ort und Stelle und bereit loszulegen.

Ein Traum ist nicht genug

Die bewegende Kraft zu sein bedeutet auch, die vorhersehende Kraft zu sein. Ein guter Plan ist das Rückgrat für jede neue Herausforderung, die du erfolgreich meisterst. Ein Traum ist nicht genug: Du musst wissen, welche Mittel und Werkzeuge du brauchst, um dein Ziel zu erreichen.

Die Freiheit, einen Plan zu haben

Nichts geht schneller über Bord als ein Neujahrsvorsatz. Bereits nach drei Wochen geben die Ersten ihre Ziele wieder auf, nach sechs Monaten ist die Hälfte abgesprungen, wie Gesundheitspsychologin Sonia Lippke von der internationalen Bremer Jacobs University herausfand. Ob wir unsere Pläne wirklich umsetzen oder nicht, lässt sich mit der »Theory of Planned Behaviour«[7] voraussagen, die der Sozialpsychologe Icek Ajzen entwickelt hat. Die zentrale Ursache für eine Handlung ist demnach die Verhaltensabsicht, die Intention. Wie sehr bin ich gewillt, die Handlung auszuführen? Was werde ich dafür in Kauf nehmen?

Die Intention ist laut Ajzen abhängig von drei Faktoren: Erstens von der Einstellung zum Verhalten und den positiven oder negativen Konsequenzen, die ich für mich daraus erwarte. Zweitens von der subjektiven Norm – wie andere mein Verhalten bewerten werden und wie wichtig mir diese Bewertung ist. Und drittens von der selbst wahrgenommenen Verhaltenskontrolle – wie leicht oder schwer es mir nach meiner Einschätzung fallen wird, meine Verhaltensabsicht zu realisieren: Habe ich ausreichend Wissen oder Fähigkeiten, um den Plan umzusetzen? Verfüge ich über genügend Zeit und Geld? Entscheidend dabei ist übrigens nicht die tatsächliche Anwesenheit, zum Beispiel von

---

7 Icek Ajzen: »The Theory of Planned Behavior«, in: *Organizational Behavior and Human Decision Processes* 1991, S. 179 – 211.

Fähigkeiten oder Zeit, sondern die persönlich wahrgenommene. Ob wir unseren Plan dann wirklich ausführen, hängt hauptsächlich von der wahrgenommenen Verhaltenskontrolle ab – ob wir also denken, wir könnten das Verhalten erfolgreich umsetzen oder nicht.

Doch woher kommt es, dass es uns so schwerfällt, die selbst gesetzten Ziele zu verwirklichen? Glauben wir von vorneherein nicht daran, es zu schaffen? In traditionellen oder diktatorisch geprägten Gesellschaften sind die Handlungsspielräume begrenzt: Gesetze, Rituale und Sitten verorten den Platz des Einzelnen. Umsetzbare Ziele und die Wege dorthin sind eng umrissen und sehr eindeutig definiert. In unserer westlichen modernen Gesellschaft sind wir so frei wie nie zuvor. Es gibt weniger Konventionen und Fremdbestimmung – dafür unendliche Möglichkeiten, wer wir sein wollen, was wir erreichen können und wie wir zu unserem Ziel kommen.

Doch je mehr Optionen wir haben, desto schwerer fällt uns die Entscheidung – und desto unzufriedener sind wir, wenn wir uns entschieden haben. Denn bei einem großen Angebot hätte ja eine andere Wahl doch die bessere sein können. Und damit haben wir dann unsere Handlungsfähigkeit sehr erfolgreich im Keim erstickt – adieu Neujahrsvorsatz!

Entscheide dich – und leg los.

Die Anstrengung, dein eigenes Ziel und deinen eigenen Plan zu erarbeiten, nimmt dir niemand ab. Die Entscheidung, dich daran zu halten und an dich zu glauben, triffst du. Beginne heute damit: Visualisiere dein Ziel, mach deinen Plan, und leg los.

Plan definieren – Schritt für Schritt

1. Idealzustand definieren
Du visualisierst, wie dein Idealzustand aussieht: Welches Ziel verfolgst du ganz konkret? Wie wirst du dich fühlen, wenn du es erreicht hast? Wie wird dein Leben dadurch besser sein? Spüre es!

2. Key-Faktoren identifizieren
Frage dich, welche kritischen Erfolgsfaktoren nötig sind, um das Ziel zu erreichen. Welche Mittel oder Unterstützung brauchst du, um dorthin zu gelangen? Und welche Etappen kennzeichnen den Weg zum Idealzustand?

3. Voraussetzungen auflisten
Liste die jeweils nötigen Voraussetzungen pro Erfolgsfaktor präzise und konkret auf.

4. Den mentalen Weg gehen
Gehe den mentalen Weg Schritt für Schritt, lerne ihn auswendig und beherrsche ihn.

Die Personas in Schritt A1

ANGIE

Ich habe ein großes Ziel: In anderthalb Jahren werde ich den Marathon in meiner Stadt mitlaufen. Die Zeit dafür habe ich mir freigeräumt und bin selbst überrascht, wie gut das funktioniert. Ich ernähre mich gesund und trainiere viermal in der Woche. Ich fühle mich fantastisch, bin viel leistungsfähiger und ausgeglichener. Mein Stolz, einen ganzen Marathon zu laufen, wird unendlich sein.

Meine Key-Faktoren lauten: Zeit freiräumen – im Job und privat, inneren Schweinehund überwinden, gesund bleiben. Ich übernehme mich oft, wenn ich Aufgaben angehe.

Meine Etappen: In meiner Vorbereitungsphase von einem Monat werde ich mir Zeit fürs regelmäßige Training freiräumen. Mein Ziel: Ich möchte in drei Monaten 10 Kilometer locker durchlaufen können, in achtzehn Monaten die Marathonstrecke schaffen.

Voraussetzungen: Um den inneren Schweinehund zu überwinden, brauche ich eine Laufgruppe auf meinem Niveau, die mich regelmäßig dazu bringt, auch wirklich zu trainieren. Als Belohnung gönne ich mir an den Trainingstagen etwas Süßes – ich liebe Schokolade. Damit ich gesund bleiben kann, muss ich erst einmal sicher sein, dass ich derzeit auch wirklich gesund bin. Deshalb starte ich mit einem Gesundheitscheck bei meinem Hausarzt und erstelle mit einem Profi – vielleicht einem Personal Trainer – einen sinnvollen Trainingsplan.

Die Aufgaben zu Hause und im Büro laufen wie von selbst, mein Trainingsplan geht auf, und meine Laufgruppe ist genau das Rückgrat, das ich mir erhofft habe. Vor meinem inneren Auge laufe ich stolz über die Ziellinie: Ich habe tatsächlich einen ganzen Marathon geschafft!

MAX

Ich plane einen Ratgeberverlag rund um das Thema Kochen, vegetarische und vegane Küche, inklusive Koch-App. Damit möchte ich auch in den internationalen Markt. Am Eingang steht mein eigener Name: Max-U.-Verlag. Ich kann meine eigenen Entscheidungen treffen und muss nicht alles mit einem Bereichsleiter absprechen, der mir in die Parade fährt und meine innovativen Ideen blockiert. Mit meiner Frau und meinem Sohn habe ich eine gemeinsame, tragfähige Lösung zu Hauskauf und Auslandsstudium gefunden.

Meine Key-Faktoren: Eigenes Geld, Finanzierungs- beziehungsweise Investorenmodelle sowie ein Team aus Autoren, die ich bereits kenne und schätze, um möglichst schnell loslegen zu können.

Meine Etappen: Den Start stemme ich mit einem Kernteam, denn ich werde die beiden wichtigsten Autoren von meiner Geschäftsidee überzeugen. Die erste Investorenrunde wird hoffentlich erfolgreich, sodass ich die Rezepte direkt übersetzen lassen kann, um parallel auch auf dem internationalen Markt Fuß zu fassen. Wir bauen unser Social-Media-Marketing auf und planen Content-Marketing-Kampagnen.

Voraussetzungen: Ich kann Lisa davon überzeugen, erst einmal kein Haus zu suchen, und Alex soll sich auf ein Stipendium für sein Auslandsstudium bewerben. Um Investoren zu finden, brauche ich einen wirklich überzeugenden Businessplan, der deutlich macht, wie vielversprechend die internationale Komponente ist.

Familie und Autoren sind an Bord, die Investorenrunde konnte ich für mich gewinnen, und die erste Expansion ins Ausland war erfolgreich. Auf Deutsch konnten wir eine erfolgreiche Buchreihe starten – die Autoren haben hier bereits Influencer-Status. Unsere Social-Media-Kanäle werden ebenfalls sehr gut angenommen. Das datenbasierte Content-Marketing-Konzept kommt sehr gut an. Bald erscheint der erste Band unserer Reihe auf Mandarin. Und der chinesische Markt fährt auf Küchengeräte ab, wodurch wir bereits Kampagnen mit einem namhaften Hersteller an Land ziehen konnten.

TIM

Ich möchte mein Studium erfolgreich beenden und ein vollwertiger Mitarbeiter in meinem Unternehmen werden, das so viel Vertrauen in mich setzt. Der Tag meiner Zeugnisverleihung wird der beste Tag meines bisherigen Lebens! Ich werde unendlich stolz auf mich sein, meine Eltern werden strahlen, mein Arbeitgeber hat mir zwei Wochen Sonderurlaub zugesagt. Die werde ich nutzen und mich in der Sonne erholen, bevor ich dann durchstarte. Es fühlt sich gut an, sich auf das Arbeiten voll zu konzentrieren – und nicht noch studieren und lernen zu müssen.

Meine Key-Faktoren: volle Konzentration aufs Studium, Zeit besser einteilen und klar strukturieren zwischen Job, Studium und Freizeit, Getriebenheit ablegen. Ich bin niemandem Zeit schuldig – außer mir selbst und meinem Ziel.

Meine Etappen: Ich werde mit meinem Chef sprechen und ihm klar kommunizieren, was ich zu verändern vorhabe. Er soll nicht denken, dass ich mich hinter meinen schlechten Prüfungsergebnissen verstecke. Ich gehe sie an. Und ich werde mit meiner Band und meinen Kletterkumpels sprechen und einen Plan vereinbaren, mit dem wir alle leben können. Wir treffen uns gezielt zum Proben oder zum Sport, und dann gehe ich nach Hause. Dieses Rumhängen muss ein Ende haben, sonst schaffe ich das nie. Den so erarbeiteten Wochenplan werde ich allen in meinem Umfeld mitteilen, damit jeder sich darauf einstellen kann.

Voraussetzungen: Ich werde alle von der Endgültigkeit meiner Entscheidung in Kenntnis setzen. So stellt sich sicher schnell heraus, wer ein wahrer Freund ist und mit mir den Weg geht und für wen ich nur ein praktischer Ausgehkumpel bin. Das Vertrauen meines Chefs werde ich nicht wieder enttäuschen und ihn mit guten Prüfungsleistungen überzeugen.

Alle wissen Bescheid, der Plan steht und funktioniert gut. Woche für Woche erarbeite ich mir mein Leben zurück. Ich bin wieder Kapitän auf meinem Boot! Die ersten Prüfungen liefen hervorragend, und mein Chef guckt auch wieder etwas entspannter, wenn ich ihm in der Firma begegne. Zusätzlich konnte ich in einem

68

Projekt, das wichtig für mein Unternehmen ist, durch gute Impulse glänzen.

JULIA

Ich gehe nach Singapur und werde dort Fuß fassen. Ich werde eine fantastische Zeit haben. Meine Familie kann mich besuchen, und die Umweltschutzorganisation, für die ich in Deutschland arbeite, kann ich auch aus dem Ausland unterstützen. So habe ich das Beste aus beiden Welten: meine Vertrauten um mich – per Skype und Telefon – und die Möglichkeit, meine Liebe für andere Kulturen und Sprachen praktisch zu erproben. Ich merke die Befreiung, das Altbewährte hinter mir zu lassen. Ich spüre, wie ich wachse.

Meine Key-Faktoren: Ich brauche Mut, muss den Umzug genau planen, mir Gedanken machen, ob ich meine Wohnung aufgebe oder erst einmal untervermiete, welche Wohnung mich dann vor Ort erwartet. Meine Eltern müssen hinter mir und diesem Schritt stehen. Und ich möchte zumindest ein paar Wörter Tamil lernen, neben Englisch die zweite Amtssprache in Singapur. So komme ich der Kultur sicher auch noch ein Stück näher.

Meine Etappen: Ich werde allen, die mich bei der Entscheidungs-findung unterstützt haben, diese mitteilen und auf ihre Solidarität zählen. Ich werde mit meinem Chef einen Vertrag erarbeiten, der meiner neuen Rolle und Verantwortung entspricht. Ich brauche ein Arbeitsvisum und eine Wohnung in Singapur. Mit meinem derzei-tigen Vermieter werde ich klären, welche Lösung wir für die Woh-nung finden. Ich stelle mir ein Untermietverhältnis vor und lagere meine Schrankinhalte bei meinen Eltern zwischen. Vorher möchte ich noch einmal meine Sachen aussortieren und mir überlegen, was genau zu meinen Eltern ziehen soll und was ich verkaufe oder spende.

Voraussetzungen: Ich erlange vertraglich und emotional schnellst-möglich Klarheit über die Details – meine Rolle in dem Team in Sin-gapur und die konkreten finanziellen Rahmenbedingungen. Emoti-onal habe ich die Unterstützung aller und das Versprechen, häufig

Besuch zu erhalten. Mein Vermieter spielt bei meinen Vorstellungen mit, und ich finde kurzfristig einen vertrauenswürdigen Untermieter.

Mit meinem Chef, mit meinem Vermieter, mit meinen Eltern lief alles glatt. Ich habe mir einen Plan erstellt, der rückwärts zählt bis zum Tag X und klar aufschlüsselt, bis wann ich was entschieden oder erledigt haben muss. Ich lerne jeden Tag ein paar Vokabeln und habe mir Bücher angeschafft, die Singapur aus Perspektive der dort Lebenden abbilden. Und: Ich habe mich online schon einmal nach Stammtischen der deutschen Expat-Community erkundigt – für ein bisschen Heimat. Ich lebe jeden Tag schon ein bisschen mehr in Singapur.

Resümee
Jetzt definierst du deinen Plan!

Der gesellschaftliche Trend der tausend Wahlmöglichkeiten macht es uns manchmal schwer, einmal gefasste Vorsätze und Ziele nachhaltig zu verfolgen und umzusetzen. Die Wissenschaft lehrt uns, dass oft erst eine realistische Einschätzung unserer Selbstwirksamkeit und unserer Ressourcen dazu führt, dass wir handeln. Du hast nun den idealen Endzustand visualisiert und die Challenge-Zone bis zum Ziel ausgedehnt. Und du bist in der Lage, konkrete Handlungspläne zu erstellen, Teilschritte und Meilensteine zu definieren – und dann aufzubrechen.

Deine Learnings
- Der Herausforderung eine Infrastruktur geben.
- Den Idealzustand bis ins Detail visualisieren.
- Ziel herunterbrechen in die richtigen und notwendigen Etappen.
- Den Weg mental bis zum Ziel gehen.

Deine Take-aways
- Geplant und ganz konkret vorangehen.
- Richtung einschlagen und eine Wegbeschreibung skizzieren.
- Vertrauen für den Aufbruch gewinnen.
- Verstehen, warum die Planung noch wichtiger ist als der Plan, um die richtigen Fragen zu stellen.

Wladimir Klitschkos Essence
There is no such thing as a plan – there is only your plan.
So etwas wie einen Plan gibt es nicht – es gibt nur deinen Plan.

AGILITY A2

Integrate Obstacles

(Integriere Hindernisse)

Ohne Analyse von Hindernissen bleibt der Plan ein Wunsch

Du hast nun dein Ziel visualisiert. Du kennst deine Ressourcen, hast konkrete Handlungspläne erstellt, Teilschritte und Meilensteine definiert. Doch all deine Vorbereitungen, all deine schönen Pläne und brillanten Ideen werden beim Kampf in der ersten Runde k. o. gehen, wenn du vorher nicht detailliert analysierst, was dir in die Quere kommen könnte. Es gibt Gegner, die das gleiche Ziel haben wie du, es gibt Störfaktoren. Damit musst du rechnen und planen – von Anfang an.

Hürden als Teil des Plans

Für meine Kämpfe habe ich diszipliniert trainiert – und ich habe viel Zeit damit verbracht, mich jeweils auf den speziellen Gegner einzustellen, gegen den ich antreten werde. Dabei habe ich alle vorangegangenen Kämpfe dieses Gegners mit meinem Trainer Emanuel »Manny« Steward akribisch nach Auslage, Beinarbeit, Ausdauer und Schlaggeschwindigkeit des Konkurrenten analysiert.

Und doch war ich jederzeit darauf vorbereitet, dass sich kurzfristig etwas ändern kann: So passierte es mehrmals während meiner Zeit als Profi, dass ein Kampf wenige Wochen vorher abgesagt werden musste. Stattdessen trat ich dann gegen einen anderen Gegner an und musste mich beispielsweise von einem »leichten« 90 Kilogramm schweren Linksausleger auf einen 120 Kilogramm schweren und 207 Zentimeter großen Rechtsausleger umstellen.

Für mich ist selbstverständlicher Teil einer Kampfvorbereitung, flexibel zu sein. Ich verstehe unvorhergesehene Hindernisse oder Ereignisse als Teil meines Plans und kalkuliere sie ein. Mehr als einmal erwies sich diese Taktik als goldrichtig.

Reaktion auf Hürden planen

Du bist oft nicht der Einzige, der ein bestimmtes Ziel erreichen möchte. Die Hindernisse zu integrieren heißt auch, dass du vorher schon deine Reaktion planst, wenn die Hürden auftauchen.

Mein Boutique-Hotel 11 Mirrors

Seit meinem 14. Lebensjahr reise ich um die Welt. Aus diesen jahrzehntelangen Erfahrungen weiß ich, was es braucht, um sich auch in einem Hotel wie zu Hause zu fühlen. Schon vor Jahren hatte ich ein Grundstück in bester Lage mitten in Kiew erworben. Irgendwann kam mir die Idee, auf diesem Grundstück ein Hotel ganz nach meinen Vorstellungen zu errichten und meine Erfahrungen als Globetrotter einzubringen. Ich entschied mich, meine Vision mit den Immobilienexperten umzusetzen. Wir entwarfen großartige Pläne, doch dann machte uns die Bürokratie einen Strich durch die Rechnung: So, wie wir es geplant hatten, durften wir das Hotel nicht bauen.

Was zunächst nach einem Scheitern aussah, erwies sich als Glücksfall: Das Team und ich entwickelten unsere Ideen weiter, und ein kleines, feines Boutique-Hotel war das Ergebnis. Das 11 Mirrors ist nun ein Ort, in dem sich Geschichte und Gegenwart spiegeln. Offenbar ist uns dies gut gelungen – das Haus ist bereits mehrfach ausgezeichnet worden, unter anderem als bestes Stadthotel der Welt und bestes Hotel in Europa. Bei einem unabhängigen Bewertungsportal wurde es fünfmal in Folge zum besten Hotel der Ukraine gewählt und in die Hall of Fame aufgenommen.

Kein Projekt läuft einfach glatt. Überraschungen, die den Ursprungsplan durchkreuzen, werfen mich nicht aus der Bahn. Meist sind sie sogar für etwas gut. Ich rechne mit verschiedenen Hindernissen und wappne mich damit automatisch für notwendige Planänderungen. Diese gefährden damit nicht das Projekt an sich. Und am Ende machen sie es vielleicht noch erfolgreicher, als es die ursprüngliche Idee vermocht hätte.

Die Steine auf deinem Weg als Baumaterial nutzen

Akzeptiere den Gedanken, dass Hindernisse und Widerstände Rohstoffe sind, die du für deine Pläne nutzen kannst. Verwende die Steine auf deinem Weg, um den Weg weiter auszubauen, vielleicht um das Hindernis herum. Die Hürden zu integrieren bedeutet, agil und aufmerksam zu bleiben und den Weg immer wieder anzupassen – aber nicht das Ziel selbst zu verändern.

Positives Denken allein bringt nichts

»Denke positiv, und all deine Träume werden wahr!« Unzählige Motivationstrainer, die optimistische Parolen in vollbesetzten Mehrzweckhallen predigen, können nicht irren? Doch, und das ist wissenschaftlich belegt. Sich die Zukunft in bunten Farben ausmalen – das ist gut und richtig. Sonst fehlen die Motivation und das Ziel für den ersten Schritt. Doch positives Denken und das Negieren von Hindernissen bringen nichts. Im Gegenteil: Diese Herangehensweise verringert sogar unseren Erfolg, um zum Ziel zu gelangen.

Je positiver Menschen sich die Zukunft ausmalen, desto weniger Anstrengungen investieren sie, und desto weniger erfolgreich sind sie darin, diese Zukunft zu erreichen. Das wies die Psychologin und Motivationsforscherin Gabriele Oettingen in experimentellen Studien nach: Oettingen entwickelte aus dieser Erkenntnis die »Fantasy Realization Theory« (FRT)[8] mit dem Konzept der sogenannten »mentalen Kontrastierung«.

Wer nur in positiven Fantasien schwelgt, empfindet keine Notwendigkeit, auch zu handeln. Wer nur über möglichen Hindernissen brütet, hat kein Handlungsziel und kommt ebenfalls nicht in die Umsetzung. Mentales Kontrastieren jedoch bedeutet, dass wir uns die Zukunft ausmalen, die kritischen Hindernisse identifizieren und sie uns vorstellen. Die Fantasie lässt uns die ideale Zukunft erleben, und damit haben unsere künftigen Handlungen eine Richtung. Der Blick auf die Hürden zeigt uns, ob und wie wir die Hindernisse überwinden können – das liefert die nötige Umsetzungsenergie.

Oettingen hat für den Prozess der Zielerreichung vier Schritte definiert und »WOOP« genannt: »Wish, Outcome, Obstacle, Plan«, auf Deutsch Wunsch, Ergebnis, Hindernis, Plan. Wir haben einen Wunsch und stellen uns das Ergebnis vor, wir bedenken die Hindernisse und entwickeln einen Plan. Am effektivsten ließen sich Ziele mit Wenn-dann-Plänen erreichen, wies Oettingen nach. Wer die Hürden bereits identifiziert hat, kann sein Handeln festlegen: »Wenn X passiert, werde ich die zielgerichtete Handlung Y ausführen.« Wenn also das mentale Kontrastieren durch einen konkreten Plan unterstützt wird, werden Ziele effektiv erreicht.

Der heutige Trend zum Helicopter-Parenting trägt daher nicht dazu bei, dass Kinder später ihre Ziele erfolgreich umsetzen können. Wenn Eltern ihren Nachwuchs überbehüten und alle

---

8 Gabriele Oettingen, Klaus Michael Reininger: »The power of prospection: mental contrasting and behavior change«, in: *Social and Personality Psychology Compass* 10/2016, S. 591–604.

Schwierigkeiten aus dem Weg räumen, lernt dieser nicht den Umgang mit Hindernissen und negativen Situationen. Wie eine Langzeitstudie nachwies,[9] werden dadurch die Entwicklung der emotionalen Selbstkontrolle des Kindes gehemmt, die Frustrationstoleranz geschwächt und die Zielstrebigkeit eingedämmt. Selbstbewusste, selbstständige Kinder wissen, dass sie für ein lohnendes Ziel auch etwas tun müssen und Hürden überwinden können.

Überprüfe deine Hindernisse!
Entwickle Wenn-dann-Pläne für die Hürden auf deinem Weg.

Integriere Hindernisse – Schritt für Schritt

1. Schwachstelle auflisten
Liste die jeweils kritischen Schwachstellen pro Faktor präzise und konkret auf.

2. Hindernisse analysieren
Betrachte jedes Hindernis ohne Emotionen und verstehe, wie es funktioniert und inwiefern es dich vom Ziel abhält.

---

9 Nicole B. Perry u. a.: »Childhood Self-Regulation as a Mechanism Through Which Early Overcontrolling Parenting Is Associated with Adjustment in Preadolescence«, in: *Developmental Psychology* 8/2018, S. 1542–1554.

3. Reaktionen planen
Was kannst du machen, wenn das Hindernis auftaucht? Welche Reaktion ist geeignet?

4. Hindernisse als Lehrer sehen
Was du von jedem Hindernis lernen kannst und wie du dich dadurch verbesserst.

Die Personas in Schritt A2

ANGIE

Dranbleiben ist ein wichtiger Erfolgsfaktor, der schnell ausgehebelt werden kann, wenn ich nicht aufpasse. Ich finde keine geeignete Laufgruppe, dafür aber lauter Gründe, warum ich heute nicht trainieren kann. Mein Trainingsfortschritt ist zu langsam, ich verliere die Lust. Und mein Belohnungssystem funktioniert auch nicht. Außerdem schlägt mein Hausarzt Alarm, weil mein derzeitiger Gesundheitszustand gar keine Marathonpläne zulässt. Vom Hausarzt lasse ich mir eine Sportart empfehlen, bei der ich schonend meine Fitness so weit trainieren kann, bis ich in ein normales Marathontraining einsteige. Zur Not wird das Ziel zeitlich nach hinten verlagert.

Ich teste so lange Belohnungssysteme durch, bis ich eines finde, das funktioniert. Statt der Laufgruppe versuche ich, eine gute Freundin zum Mittrainieren zu bewegen. Ich lerne, dass mich auch kleine Schritte voranbringen. Ich muss nicht überall mit Überschallgeschwindigkeit durchrauschen. Außerdem verstehe ich, dass ich mich weiterentwickeln kann, ohne mich permanent zu überfordern. Ich achte jetzt besser auf mich.

MAX

Meine Finanzen sind mein Erfolgsfaktor, daran werde ich gemessen. Meine Schwachstelle ist bei diesem Faktor tatsächlich meine Familie: Wenn Lisa auf einem Haus auf dem Land besteht und Alex kein Stipendium bekommt, wird es eng. Wenn mein Businessplan nicht überzeugend genug ist oder jemand anderes aus der Branche mit einem ähnlichen Konzept aufwartet, bekomme ich kein Geld von den Investoren. Aber dann kann ich schon einmal auf dem heimischen Markt starten und später expandieren, wenn ich Gewinne gemacht habe.

Ich bespreche mit Lisa einen Kompromiss: Wir beziehen ein Haus zur Miete auf dem Land, statt sofort eines zu kaufen. Das Landhäuschen ist sogar günstiger als unsere Stadtwohnung, und ich kann in der Startphase von daheim arbeiten. Zudem können wir das Landleben erst einmal testen – und müssen keinen Hauskauf bereuen, wenn wir feststellen, dass uns die Fahrerei in die Stadt fürchterlich nervt. Alex sucht sich einen Job, mit dem er einen Teil der Kosten für das Studium selbst bestreitet, und bewirbt sich zeitgleich um ein Stipendium. So kann er seine Motivation überprüfen und gleichzeitig unter Beweis stellen. Ich selbst gehe international auf Investorensuche und verschiebe einige teure Investitionen.

Ich lerne, dass es nicht nur Schwarz und Weiß gibt, sondern dass kreative Kompromisse manchmal für alle Beteiligten gut sind. Außerdem lerne ich zu priorisieren: Welche Anschaffung brauche ich wirklich, welche nicht? Dadurch spare ich sogar manche geplante Investition, weil ich merke, dass sie gar nicht wichtig war.

TIM

Mein Studium ist der Faktor, an dem ich mich messe und messen lassen muss. Das darf ich nicht vergessen und nicht auf die leichte Schulter nehmen. Ich habe so viele Jahre meines Lebens meine Gewohnheiten gepflegt, dass es mir einfach nicht gelingt, das von heute auf morgen abzulegen. Es kribbelt in mir, wenn ich irgendwo nicht dabei sein kann.

Mein Chef zeigt nicht so viel Verständnis wie gehofft für meine schlechten Leistungen an der Uni. Seine Skepsis demoralisiert mich mehr, als ich mir eingestehen möchte. Meine Kumpels sagen zwar, dass sie verstehen, dass ich nicht mehr so viel Zeit mit ihnen verbringen kann, aber sie laden mich trotzdem jedes Mal ein, wenn es darum geht, etwas zu unternehmen. Mir fällt es schwer, Nein zu sagen, und ich bleibe dann auf unseren Sit-ins oder auf Partys immer länger, als ich vorhatte. Der nächste Tag ist entsprechend hart, und ich bin dann ziemlich unkonzentriert.

Ich erlege mir ein Ausgehverbot während der Woche auf. Freitag und Samstag ziehe ich mit den Freunden los oder spiele einen Gig mit meiner Band. Während der Woche gehe ich nur zu den Proben und einmal zum Klettern. Die restlichen Abende sind für Lernen oder einfach Ausspannen reserviert.

Ich lerne, wie produktiv ich sein kann. Das ist eine Seite, die ich an mir völlig neu entdecke. Plötzlich bin ich auch in meiner WG viel strukturierter, erledige die mir zugeteilten Aufgaben und erwarte das auch von anderen. Die Blicke der anderen sind unbezahlbar! Ich kann mich richtig in meiner Arbeit und im Lernen verlieren.

JULIA

Bin ich wirklich mutig genug für diesen Schritt? Ich kann mich schwer aufraffen, meine Tamil-Kenntnisse zu schärfen oder zumindest noch ein wenig an meinem Business-Englisch zu feilen. Die konkrete Planung meines Umzugs macht mir auch mehr Angst als gedacht und geht weniger schnell voran als gewollt. Ich habe zwar schon ein paar potenzielle Nachmieter kennengelernt, aber mein Vermieter mochte keinen davon. Wenn das so weitergeht, muss ich die Wohnung doch komplett auflösen – und das möchte ich auf keinen Fall. Und meine Eltern sind nicht gerade begeistert von der Aussicht, dass ich weggehe und meine Sachen bei ihnen unterstellen möchte. Das lassen sie mich spüren und legen mir kleine Steine in den Weg.

Mein zuständiger Personalsachbearbeiter hat mir die ersten Informationen zur neuen Wohnung in Singapur zukommen lassen.

Ein Traum ist sie nicht, aber auch keine totale Katastrophe – und wenn alles gut geht, werde ich mich in der Wohnung ohnehin nicht so viel aufhalten. Insgesamt ist das Paket, das mir mein Arbeitgeber angeboten hat, weniger attraktiv, als ich dachte und hoffte. Ich habe mich für diesen Weg entschieden – nicht wegen der finanziellen Aussichten, sondern wegen der Entwicklungsmöglichkeiten, die ich habe –, und ich werde keinen Rückzieher machen. Und wer hat gesagt, dass die Reise ein Spaziergang wird? Es wird ein Abenteuer, das schon jetzt anfängt. Es kann nicht alles glattlaufen – aber umso schöner wird es am Ende! Ich lerne, dass nicht alles so funktionieren kann, wie ich es mir vorstelle und wie ich es »zu Hause« haben würde. Und ich lerne auch, dass mir mein Plan hilft, das Imperfekte zu akzeptieren und für mich das Beste daraus zu machen.

Resümee
Jetzt integrierst du die Hindernisse!

Um dein Ziel zu erreichen, musst du den möglichen Hürden in deiner Challenge-Zone volle Aufmerksamkeit schenken. Du hast nun deine inneren und äußeren Hindernisse visualisiert und bist die unterschiedlichen Szenarien durchgegangen, die dir auf deinem Weg begegnen könnten. Und du hast erarbeitet, wie du diese Hindernisse positiv nutzen kannst.

Deine Learnings
- Den Hindernissen viel Aufmerksamkeit widmen.
- Identifizieren, was im Weg steht.
- Die Umstände objektiv und nicht zu optimistisch betrachten.
- Jedes Hindernis als Prüfung und Lehre wahrnehmen.

Deine Take-aways
- Sehen, wie der Plan Gestalt annimmt und zum Ziel führt.
- Wirksamkeit des Plans erleben.
- Willen besser durchsetzen und den Plan gegen Hindernisse und Nörgler besser verteidigen können.
- Hindernisresistenz entwickeln.

Wladimir Klitschkos Essence
Your plan is just a wish if you don't integrate obstacles.
Ein Plan ist nur ein Traum, wenn du Hindernisse nicht einbeziehst.

AGILITY A3

Neutralize Distractions

(Neutralisiere Ablenkungen)

Ein Manöver gegen jede Ablenkung

Du hast dein Ziel im Blick, du hast die Hürden in deinen Plan integriert und weißt, wie du auf Hindernisse reagieren wirst. Du bist zu 100 Prozent auf deine Herausforderung fokussiert, jetzt wird nicht mehr gewartet, sondern gemacht! Doch deine Gegner werden alles tun, um dein Vorhaben zu vereiteln. Dein größter Gegner werden du selbst sein und die Frage, wie du auf Ablenkungen reagierst: Langeweile, geringe Motivation oder auch das Leben selbst stehen dir manchmal im Weg. Schaffe dir eine Schutzmembran, die diese Störungen filtert. Plane deine Reaktion auf jede mögliche Ablenkung, die dir begegnen kann.

Nichts als Lärm

David Haye hatte schon einige Zeit lang versucht, mit Provokationen einen Kampf gegen meinen Bruder Vitali oder mich zu forcieren. Im Juli 2011 fand das Duell dann statt. Der Brite tat sein Bestes, um mich aus der Reserve zu locken – denn er wusste, dass ich perfekt vorbereitet war. Zur Pressekonferenz trug Haye ein T-Shirt, das ihn als Triumphator zeigte: mit meinem Kopf in der rechten und Vitalis Kopf in der linken Faust. Zu seinen

Füßen lagen unsere geköpften Körper. Doch gleichgültig, was Haye sagte oder tat, ich behandelte ihn wie jede andere Störung um mich herum: als Lärm, nicht mehr und nicht weniger. Als Lärm, den ich ignorieren kann.

Solche Provokationen gehören im Boxsport dazu. Wichtig ist, diese Ablenkungen für sich zu neutralisieren. Ich weiß, dass es sie gibt, aber ich lasse sie nicht an mich heran. Durch diese Ignoranz ist es mir oftmals gelungen, den Gegner aus dem Konzept zu bringen und nicht mich.

Weg mit den Störungen

Um uns herum lauern Ablenkungen, während wir an unserer Herausforderung arbeiten. Das kann alles sein: andere kleinere Ziele, große Ereignisse, starke Gegner. Aber jede Ablenkung kann besiegt werden. Wir können sie ignorieren, aufschieben, umstrukturieren oder amüsiert betrachten. Wir finden für jede Ablenkung einen eigenen Umgang, um sie zur Seite zu schieben.

Meinen Triumph widmete ich Manny

Emanuel »Manny« Steward war nicht nur mein Trainer, er war mein Mentor, mein Guru. Er war derjenige, der mich wirklich verstand. Er wusste, wer ich war und was ich brauchte, um erfolgreich zu sein. Manny gab nicht nur jederzeit Rat, er gab mir die Liebe zum Boxen. Ende 2012, während meines Trainingscamps für den Kampf gegen Mariusz Wach, musste sich Manny einer Routineoperation unterziehen und wollte ins Camp nachkommen. Doch stattdessen erhielt ich am 25. Oktober 2012 einen Anruf von Mannys Lebensgefährtin: Mein Trainer, mein Mentor hatte die Operation nicht überlebt.

Ich war völlig vor den Kopf gestoßen, entschied mich aber, sein Vermächtnis lebendig zu halten. Das war alles, was ich in diesem Moment tun konnte: mich auf den Kampf konzentrieren, diesen Ratschlag nutzen und gewinnen. Ich engagierte den sieben Jahre jüngeren Jonathon Banks, der bereits mein Sparringspartner war, als Trainer. Ich kämpfte im Gedenken an Manny und widmete ihm meinen Triumph, indem ich meine Titel in den Versionen der Verbände IBF, IBO, WBO und WBA verteidigte.

Es gibt große und kleine Ablenkungen. Emanuels Tod war in dem Moment eine große. Ich neutralisierte sie, indem ich mir klarmachte, was ich jetzt tun konnte und zu tun hatte: Ich musste jetzt noch mehr denn je gewinnen, für ihn. Mit diesem Sieg wollte ich zu seiner Gedenkfeier und ihn damit ehren. Es gelang mir – beides.

Große Störungen verdienen Beachtung

Manchmal sind die Störungen zu groß, die Ablenkungen zu stark, um sie zu ignorieren. Doch du kannst sie transformieren – in Energie, in eine neue Herausforderung. Diese wirklich großen Ablenkungen benötigen deine Aufmerksamkeit, aber nicht jetzt. Später, wenn du Zeit und Gelegenheit hast, dich ihnen zu widmen, gibst du ihnen die Beachtung, die sie verdienen.

Vom Mythos Multitasking zu Deep Work

Schnell die E-Mails checken, rasch einen Blick auf die neuesten Instagram-Postings werfen, zwischendurch eine Textnachricht schreiben: Wir lassen uns laufend ablenken – selbst dann, wenn wir uns fest vorgenommen haben, ganz intensiv an einem wichtigen Projekt zu arbeiten. Auch durch die ständige Erreichbarkeit via Handy und Laptop, mittlerweile sogar über unsere Smartwatch am Handgelenk, wird unsere Konzentration immer wieder gestört. Studien haben längst bewiesen: Multitasking ist ein

Mythos. US-Forscher der Universität Utah stellten in einem Test fest,[10] dass die Leistungsfähigkeit der Probanden um 40 Prozent sank, wenn sie zwei Dinge gleichzeitig tun sollten, zum Beispiel Autofahren und Telefonieren.

Einer, der sich intensiv mit dem Thema Konzentration bei der Arbeit befasst hat, ist der amerikanische Informatikprofessor Cal Newport. Er nennt das Prinzip »Deep Work«.[11] Dabei stellt er fest, dass gerade die Nutzung der digitalen Kanäle unsere Aufmerksamkeit in winzige Stücke fragmentiere. Größere Leistungen, zum Beispiel das Schmieden detaillierter Pläne, seien so kaum noch möglich – zudem leide die Qualität des Outputs. Die Strategien des Professors: Er empfiehlt, die Zeiträume für Deep Work, also für konzentriertes, fokussiertes Arbeiten am Stück, im Terminkalender zu notieren und nicht davon abzuweichen. Zudem rät er zu einem sorgsamen Umgang mit Zeit und Aufmerksamkeit. Dazu gehöre zum Beispiel, nicht ständig erreichbar zu sein. Zudem, sagt Newport, können Rituale helfen, die nötige Konzentration für eine wichtige Aufgabe und über einen längeren Zeitraum aufzubringen. Er selbst suche für unterschiedliche Aufgaben, die er zu bearbeiten hat, auch unterschiedliche Orte auf: zum Schreiben den Bürotisch am Fenster oder das Café nebenan, zum Nachdenken den Waldweg.

Die Störer unserer Konzentrationsfähigkeit sind jedoch nicht nur wir selbst, sondern auch Kräfte von außen: Die Chefin hat noch eine wichtige Aufgabe, die sofort erledigt werden müsse, der Kollege fragt, ob man eben schnell helfen könne, die Freunde laden zum spontanen Umtrunk, der Ehepartner hat Pläne für ein langes Wochenende. Doch eigentlich hatten wir uns fest vorgenommen, jetzt endlich unser Sportprogramm durchzuziehen oder am Wochenende an der neuen Geschäftsidee zu arbeiten.

10 David M. Sanbonmatsu u. a.: »Who Multi-Tasks and Why? Multi-Tasking Ability, Perceived Multi-Tasking Ability, Impulsivity, and Sensation Seeking«, in: *PLOS ONE*, 23. Januar 2013.

11 Cal Newport: *Deep Work: Rules for Focused Success in a Distracted World.* New York: Grand Central Publishing, 2016.

Wer jetzt zu den Störungen von außen nicht Nein sagen kann, hat schlechte Karten bei der Zielerreichung.

Denn, dass Neinsager erfolgreicher sind, belegt eine Reihe prominenter Verfechter des Negierens. Medienunternehmerin Oprah Winfrey zum Beispiel erklärte in einem Interview mit der *New York Times,* wie wichtig es für den eigenen Erfolg sei zu lernen, anderen Wünsche abzuschlagen. Und der legendäre US-Investor Warren Buffett kennt nur einen Unterschied zwischen erfolgreichen und wirklich erfolgreichen Menschen: »Letztere sagen zu fast allem Nein.«

Sag Nein zu Störungen

Wenn du in der Feinplanung bist: Schalte das Smartphone ab, verschiebe die E-Mails auf später, und sag Nein zu Ablenkungen von außen.

Ablenkungen bekämpfen – Schritt für Schritt

1. Ablenkungsmuster erkennen
Analysiere, was dich regelmäßig ablenkt – zum Beispiel E-Mail-Benachrichtigungen, Social Media, Gedankenfluss, Hilfe für andere – und wann und wie.

2. Ungeteilte Aufmerksamkeit schenken
Du bist immer zu 100 Prozent bei der eigenen Handlung. Und du verstehst, dass Multitasking eine Illusion ist.

3. Den inneren Schweinehund lieben
Was kannst du machen, wenn du dir selbst im Weg stehst? Welche Reaktion ist geeignet?

4. Sich auf das Zukunfts-Ich konzentrieren
Du betrachtest das langfristige Glück und schaust nach vorn. Es bleibt nur stehen, was dich weiterbringt.

Die Personas in Schritt A3

ANGIE

Ich reagiere stark auf Ablenkungen von außen, gerade, wenn mich andere Menschen persönlich um etwas bitten. Ich helfe gern sofort, denn dann habe ich zusätzlich sogar noch die Kontrolle über das Ergebnis. Offenbar ist mir das sogar dann wichtig, wenn es sich gar nicht um meine Aufgabe handelt. Meine Vorgesetzten, meine Kollegen, meine Mitarbeiter bitten mich oft um Hilfe bei ihren eigenen Aufgaben – und ich sage gern und viel zu häufig Ja. Daheim handle ich genauso: Wenn mein Sohn seine Jeans sucht, springe ich sofort auf und helfe. Ich bin mir gegenüber sehr rigide, wenn es darum geht, die eigene Arbeit gut zu organisieren: Mit unnötigen E-Mails oder Social Media vertrödle ich wenig Zeit.

Ab jetzt sind meine Trainingstermine heilig. Ich habe ein eigenes Fach im Schrank für meine Sportsachen, lege sie mir an Trainingstagen zurecht und konzentriere mich auf meinen Plan: Welche Strecke laufe ich heute? Lockeres Ausdauertraining oder Intervalltraining? Beim Laufen freue ich mich über die Bewegung und darüber, wie ich mich vom Alltagsstress befreie.

Um die Zeit dafür freizuschaufeln, halte ich die Bürotür geschlossen, wenn ich gerade konzentriert an etwas arbeite – niemand soll mich dann stören. Ich will meine Arbeit zügig erledigen, um pünktlich gehen zu können. Familie und Freunde kennen meine Trainingstermine und wissen, dass ich dann wirklich für keine gemeinsame Unternehmung zur Verfügung stehe.

Ich bin die Frau, die ihre Vorhaben durchzieht und sich von nichts und niemandem stoppen lässt. Zeit für mich, Zeit für meine Gesundheit und mein Training – das ist es, was ich jetzt brauche und mir auch nehme.

MAX

Mich bringen E-Mails, Textnachrichten oder auch die Benachrichtigungen in den sozialen Medien immer wieder aus der Konzentration. Das ist schon ein Reflex geworden: Jedes Mal, wenn auf dem Smartphone etwas blinkt, greife ich danach und gucke, was es Neues gibt.

Wenn ich konzentriert an meinem Business arbeite, kommt das Smartphone weg. Ich habe verstanden, dass ich mich nicht von ständigen Benachrichtigungen, Mails und Messages ablenken lassen darf. Das gilt für jede Kommunikation – natürlich die private, aber auch die berufliche. Selbst von Mails, die mein Geschäft betreffen, darf ich mich nicht dauernd aus meinen Gedanken reißen lassen. Einmal pro Stunde checke ich künftig meine E-Mails und Textnachrichten und entscheide, welche ich sofort beantworte und welche ich liegen lasse und dann konsolidiert einmal pro Tag am Stück bearbeite. Auch meine Social-Media-Aktivitäten werde ich auf einmal fünf Minuten pro Stunde beschränken. Außerhalb dieser Zeitfenster schalte ich das Smartphone auf stumm und lege es weg. Am Laptop schalte ich die Benachrichtigungsfunktionen für Mails und Messages aus, damit nichts aufpoppt, wenn ich gerade arbeite.

Festen Job aufgeben und sich selbstständig machen? Ich bin der Mann, der sich was traut. Top-Geschäftsidee, Freiheit, Selbstwirksamkeit – dieses Ziel werde ich erreichen.

TIM

Ich neige zu Übersprunghandlungen und bin Meister der Prokrastination: In den stressigsten Lernphasen fällt mir auf, dass meine Fenster eigentlich schmutzig sind und ich die dringend putzen muss, bevor ich konzentriert arbeiten kann, dass die Waschmaschine angestellt werden oder ich meine Hemden unbedingt jetzt aus der Reinigung holen muss. Zudem lasse ich mich leicht verführen – besonders von WhatsApp-Nachrichten oder, noch schlimmer, von Gruppenchats. Es mir zu verkneifen, nach einem lustigen GIF zu suchen oder spontan eine witzige Antwort zu tippen, fällt mir enorm schwer. Plötzlich ist eine Stunde vorbei, in der ich nicht in meine Bücher geschaut oder ein Projekt nicht wirklich vorangetrieben habe. Und schon bin ich wieder der Getriebene und laufe meinen Tagesplänen hinterher.

Jetzt verordne ich mir eine »Zeit für Erledigungen« zwischen 8 und 9 Uhr morgens – dazu gehört dann auch der Haushalt – und eine »Handy-Zeit«: Vor 9 Uhr und nach 17 Uhr ist es okay, Nachrichten zu lesen und zu beantworten. Dazwischen wird gearbeitet – für die Uni oder für die Projekte im Büro. So hat mein Tag eine bessere Struktur. Ich bekomme ab jetzt eben nicht mehr alles in Echtzeit mit und mache nicht mehr jeden Quatsch mit. Auch die Jungs aus der Band werden sich daran gewöhnen, sich zu gedulden, bis ich antworte, wenn sie eine Probe verschieben wollen oder fragen, ob wir einen Gig spielen. Und das Vertrauen meines Chefs gewinne ich auch zurück, wenn das Handy in der Tasche bleibt.

Ich übernehme jetzt echte Verantwortung für mein Leben, und dazu werde ich meine Routinen ändern. Als dualer Student habe ich viele Vorteile gegenüber meinen Kommilitonen, und die werde ich nicht leichtfertig aufs Spiel setzen. Ich werde zeigen, was in mir steckt. Ich habe gute Ideen, die mein Unternehmen schon jetzt voranbringen, und noch mehr, wenn ich erst mit dem Studium fertig bin und mich voll einbringen kann.

JULIA

Ich bin eine konzentrierte Arbeiterin – meistens. Was ich aber schlecht kann, ist, Gedanken abzustellen. Wenn ich mir Sorgen um meine kleine Schwester mache oder eine Meinungsverschiedenheit mit einer Freundin hatte, belastet mich das stark in meinem Alltag. Auch sehr positive Ereignisse wie die Vorbereitungen für den Junggesellinnenabschied meiner besten Freundin nehmen meine Gedankenwelt sehr ein: Immer wieder schweife ich dann ab und spiele im Kopf die verschiedenen Szenarien durch. Jede Nachricht, die mich per E-Mail oder SMS erreicht – oder auch nicht –, interpretiere ich, und mir fällt es dann schwer, mich auf meine Arbeit zu konzentrieren. Meist klärt sich ein paar Tage später alles, und es stellt sich heraus, dass meine Sorgen unbegründet waren, mein Gegenüber unseren Konflikt gar nicht als so relevant wahrgenommen hat und der Bootsverleih, der zunächst erklärte, nicht genug Kapazität für uns zu haben, nun doch noch alles regeln konnte. Wie soll das werden, wenn ich in Singapur bin und viel mehr Abstand zu allen habe?

Am besten fange ich jetzt gleich damit an, mich anders aufzustellen: Beim nächsten Unmut, der aufkommt, jeder Sorge, die ich mir mache, spreche ich die betreffende Person direkt an: Ich möchte und ich muss lernen, Konfliktsituationen aufzulösen, damit sie mich nicht mehr als nötig belasten und letztlich von meinem Vorhaben ablenken. Grübeln bringt nichts. Auch meine Familie und Freunde werde ich bitten, mich direkt anzusprechen, wenn sie eine Situation als merkwürdig oder belastend empfinden. So haben wir alle den Kopf frei für die wichtigen Dinge und spinnen uns nicht etwas im Kopf zusammen.

Ich bin eine strukturierte Person – und das werde ich jetzt ganz konsequent auch in meine Gedanken- und Gefühlswelt übertragen. Ich schiebe Klärungen nicht mehr auf. Wäre doch gelacht, wenn ich das nicht hinbekäme! Ich fange jetzt damit an, sodass ich mein neues »Konflikt-und-Juhu-Modell« dann schon etabliert habe, wenn ich nach Singapur gehe.

Resümee
Jetzt bekämpfst du die Ablenkungen!

Du hast Ablenkungen und ihre Entstehungsmuster identifiziert und formulierst Maßnahmen, sie zu umgehen. Dabei fokussierst du dich immer wieder neu auf Weg und Ziel.

Deine Learnings
- Den Unterschied zwischen sofortigem Genuss und zukünftigem Glück erkennen und nutzen.
- Die inneren und äußeren Ablenkungen und ihre Entstehungsmuster erkennen.
- Die nötigen Gegenmaßnahmen entwickeln.
- Die Verhaltensregulation beherrschen und die Ablenkungen ausblenden.

Deine Take-aways
- Selbst die bewegende Kraft sein und sich nicht treiben lassen.
- Auf sich selbst verlassen und Teiletappen erreichen können.
- Ablenkungen aus dem Weg räumen und auf die Challenge konzentrieren können.
- Prokrastination nicht mehr zulassen.

Wladimir Klitschkos Essence
Always have a move against every distraction.
Hab für jede Ablenkung einen Plan B oder eine Lösung.

AGILITY A4

Keep Flexible

(Bleibe beweglich)

Du darfst mal verlieren – aber dich nicht überraschen lassen

Jetzt weißt du, wie du mit Ablenkungen umgehst, du hast Hürden und Hindernisse in deine Feinplanung integriert. Nun geht es darum, flexibel zu bleiben. In einem Kampf bist du ständig in Bewegung. Dadurch bleibst du wach und aufmerksam und kannst laufend die Aktionen und Schwächen deines Gegners analysieren. Diese Offenheit vermeidet, dass du dich auf vorgegebene Muster festlegst. Deine mentale Agilität ist lebenswichtig. Deine Gegner und damit die Realität sind sehr kreativ – sei du es also auch, um ihr entgegenzutreten.

Chagayev statt Haye

Ursprünglich war mein Kampf gegen David Haye schon für den 20. Juni 2009 in der Gelsenkirchener Veltins-Arena geplant. Das war meine erste Stadionveranstaltung und daher etwas ganz Besonderes für mich. Haye sagte diesen Kampf wegen einer Rückenverletzung zweieinhalb Wochen vorher ab – da waren bereits 57.000 Karten verkauft.

Mein Management und ich setzten alles daran, um den mit Spannung erwarteten Kampfabend für die Fans zu retten.

Wenige Tage vorher war das Duell zwischen Nikolai Walujew und dem bis dato ungeschlagenen Ruslan Chagayev ebenfalls abgesagt worden – beide Boxer waren aber fit für einen Wettkampf. Chagayev sagte zu, und so boxten wir gegeneinander auf Schalke vor 61.000 Zuschauern. Meine akribische Vorbereitung gegen Haye konnte ich nutzen und musste in den verbleibenden knapp zwanzig Tagen meinem Programm nur den letzten Schliff verleihen, um mich auf den neuen Gegner einzustellen.

Eine Kampfvorbereitung ist Routine und doch immer anders, immer neu. Flexibilität ist deshalb in der Vorbereitung und im Kampf selbst eine wichtige Komponente. Nicht umsonst gilt das Tänzeln eines Boxers als enorm wichtig. Muhammed Ali prägte mit seinem besonderen Tänzeln sogar einen eigenen Begriff dafür: Ali-Shuffle.

Nimm es, wie es kommt

Im Leben ist oft der Zufall Regisseur – und der hat immer Überraschungen parat. Das Beste, was du tun kannst: Behalte alle möglichen Entwicklungen im Blick, bereite dich darauf vor. Und dann nimm jede Herausforderung so, wie sie kommt.

Tschernobyl und das Ende der UdSSR

Schon als Kind und Jugendlicher erfuhr ich, was es heißt, in einer unsicheren Welt zu leben. Das System der Sowjetunion, in dem ich groß geworden war, veränderte sich vor meinen Augen. Dabei hatten zwei Ereignisse einen tief greifenden Einfluss auf mich. 1986 gab es die Reaktorkatastrophe von Tschernobyl, ich war damals gerade zehn Jahre alt geworden. Das Unglück zeigte mir, dass sich alles in der Welt im Nu ändern und auf lange Sicht schreckliche Folgen haben kann. Mein Vater, der als Oberst der Luftwaffe damals zu dringenden Aufräumarbeiten nach Tschernobyl abkommandiert worden war, starb mit 64 Jahren an Krebs, eine Spätfolge der hohen Strahlenbelastung. Kurze Zeit nach dem Reaktorunfall brach das Sowjetsystem zusammen. Es folgten fürchterliche ethnische Konflikte, die ich selbst bei den Kämpfen zwischen Armenien, Aserbaidschan und Berg-Karabach 1988 miterlebte.

Früh verinnerlichte ich, dass nichts für immer oder selbstverständlich ist – alles unterliegt einem ständigen Wandel. Sich auf die Situation schnell einlassen, sich anpassen zu können, war und ist im Boxsport überlebensnotwendig, Das bedeutet, dass ich flexibel bleibe und nicht in eine Starre verfalle, wenn etwas mal nicht genau nach Plan läuft.

Alles ändert sich

Erfahrungen mit Unsicherheiten zwingen uns, die Vorstellung zu akzeptieren, dass die Welt nicht stabil ist. Wie es in der Philosophie der griechischen Stoiker hieß: Das Einzige, was sich nicht ändert, ist, dass sich alles ändert. Deshalb ist es wichtig, dass du dich auf dich selbst verlassen kannst – das sind dein Bezugspunkt und dein Stabilitätsfaktor.

Agil in die Zukunft

Digitalisierung, Globalisierung, künstliche Intelligenz, virtuelle Realität, dynamische Märkte: Die Wirtschaft steht vor großen Veränderungen. Doch Untersuchungen zeigen immer wieder, dass viele Firmen nicht ausreichend gewappnet sind für den Wandel. Die Unternehmen seien schlicht nicht agil genug, ihnen fehle die Fähigkeit, schnell und gleichzeitig dauerhaft auf Veränderungen zu reagieren, heißt es zum Beispiel im Digital Transformation Index von Dell Technologies.[12] Üblich sei oft noch die

12 Dell Technologies: *Digital Transformation Index II,* 2018.

Top-down-Organisation, die vor allem gut darin ist, Bestehendes zu bewahren und zu verwalten.

Doch bei immer schnelleren Innovations- und Produktzyklen, bei veränderten Kundenanforderungen zeigt sich deutlich, dass diese Organisationsform nicht mehr angemessen reagieren kann. Denn das klassische Ingenieursdenken folgt der Idee, erst alles genau durchzuplanen und etliche Male durchzutesten, bevor ein Produkt auf den Markt kommt – sicher ist sicher. Doch heute sind Formen und Methoden agilen Arbeitens die Mittel der Stunde: zum Beispiel Scrum, Kanban oder Design-Thinking.

Die Scrum-Methode[13] und der Design-Thinking-Prozess stellen eine enge Nutzerorientierung in den Vordergrund. Beide Methoden gehen davon aus, dass ein zu festgezurrter, komplett am Reißbrett entstandener Detailplan für sehr komplexe Projekte nicht zielführend ist. Deshalb werden bei dem einen Ansatz immer wieder fertige Teilprodukte als Zwischenergebnisse geschaffen, welche die Kunden bereits anwenden können, und beim anderen Ansatz produzieren interdisziplinäre Teams Lösungen, die aus Anwendersicht überzeugend sein sollen. Aus den Feedbacks der Nutzer werden die nächsten Schritte abgeleitet. Das heißt: Ein Ziel, eine Idee, ein Produkt wird bereits in einem sehr frühen Stadium mit der Realität konfrontiert – und das schlägt jeden Labortest.

Nicht nur Unternehmen, auch viele Menschen vertrauen bei ihrem täglichen Leben auf eine intensive, starre Planung. Doch es hakt genau dann, wenn zu lange geplant wird, ohne dass der Plan mit der Wirklichkeit in Berührung kommt. Denn nur das Feedback der Realität gibt Hinweise darauf, ob die Idee Bestand hat und wie die folgenden Entwicklungen auszusehen haben. Wir müssen also schnell zur Umsetzung kommen.

Doch hier lauert auch Unbehagen: Solange wir nur planen, unsere Planung vielleicht noch mit niemandem geteilt

---

13 Scrum Alliance: *The State of Scrum. Benchmarks and Guidelines,* 2013.

haben, ist äußerlich noch alles beim Alten, beim Bekannten. Angst ist Emotion Nummer eins bei Veränderungsprozessen. Bei umfangreichen Change-Situationen in Unternehmen durchlaufen die Mitarbeiter sogar die Trauerphasen nach dem Modell von Elisabeth Kübler-Ross[14] – das stellten die Autoren des Buchs *Kulturwandel in Organisationen* fest.[15] Auf den Schock zu Beginn des Change-Prozesses folgen Verweigerung, Wut, Trauer, Anpassung und zum Schluss die Zustimmung zur Veränderung. Erst dann kann es weitergehen in Richtung der geplanten Zukunft.

Geh raus und teste deinen Plan!
Einen Plan zu haben ist gut. Planen ist besser. Machen ist am besten.

Flexibel bleiben – die Prozessteile

Im Zentrum des Kreises steht deine Selbstwirksamkeit. Du hast einen Feinplan gemacht und kennst die Hürden, die dir bei deinen Handlungen begegnen können. Du weißt, wie du auf Ablenkungen und Störungen reagierst, um konzentriert und fokussiert in deiner Challenge-Zone arbeiten zu können. Du hast verstanden, dass es immer wieder unvorhersehbare Ereignisse gibt, sodass du jederzeit flexibel deinen Plan adaptieren kannst.

14 Elisabeth Kübler-Ross: *On Death and Dying.* New York: Macmillan, 1969.
15 Svea von Hehn, Nils I. Cornelissen, Claudia Braun: *Kulturwandel in Organisationen. Ein Baukasten für angewandte Psychologie im Change-Management.* Heidelberg: Springer, 2016.

Prozessteil 1: Aktion
Der Feinplan steht, deine Wenn-dann-Pläne für absehbare Hürden ebenfalls. Du kannst loslegen!

Prozessteil 2: Reaktion
Störungen von innen und von außen kommen. Doch du weißt, wie du darauf reagieren wirst. Du bist in der Lage, dich jederzeit wieder zu fokussieren.

Prozessteil 3: Adaption
Du weißt, dass jederzeit etwas Unvorhersehbares geschehen kann. Wenn das der Fall ist, bleibst du flexibel und adaptierst deine Pläne.

Die Personas in Schritt A4

ANGIE

Alles klar! Die Vorbereitungsphase hat begonnen. Ich habe Gesprächstermine mit Chef und Stellvertreter anberaumt und schon Vorschläge ausgearbeitet, die ich gut argumentieren kann. Auch für meine Familie habe ich Ideen vorbereitet. Eine Laufgruppe habe ich gefunden und angeschrieben, die Termine beim Hausarzt und beim Personal Trainer stehen.

Aber was ist, wenn alle sauer auf mich sind? Und was ist, wenn mein Stellvertreter und die Familie die Aufgaben nicht so angehen, wie ich das gerne sehe? Ich lasse mich nicht ablenken, sondern gehe meinen Weg. Meine Vorgesetzten verweigern mir tatsächlich das Homeoffice, doch ich habe mir schon einen Plan zurechtgelegt. Während der Woche laufe ich in der Mittagspause, für die Wochenenden habe ich meine Laufgruppe. Das ist kein Problem.

Mein Stellvertreter hat die Weiterbildung gut genutzt, die dazu führen sollte, dass er einen Teil meiner Aufgaben übernehmen kann: Jetzt ist er von einem konkurrierenden Konzern abgeworben worden, und ich darf seine Nachfolgerin erst einmal einarbeiten. Der Vorteil ist, dass ich so gleich jemanden suche, der diese zusätzlichen Kompetenzen bereits mitbringt, und ich die Aufgaben direkt anders aufteilen kann. Meine pubertierende Tochter verweigert die Mitarbeit und wirft mir vor, ich sei eine schlechte Mutter. Um mehr Zeit mit ihr zu verbringen, wird sie in meinen Trainingsplan integriert – sie bekommt ein neues Longboard und bringt mir gerade bei, wie man damit fährt.

MAX

Es geht los. Ich spreche jetzt mit meiner Familie. Die Kündigung ist geschrieben, und ich habe einen Termin beim Chef gemacht, ebenso ein Außer-Haus-Gespräch mit den Autoren vereinbart. Ich sehe mich nach einem Mietshaus auf dem Land um, außerdem nach guten Leuten für das Kernteam.

Trotzdem habe ich Schwierigkeiten, den Businessplan zu erarbeiten, da meine Hand alle paar Minuten zum Handy zuckt. Doch ich weiß, was ich zu tun habe: Das Gerät liegt nun ausgeschaltet im Nebenzimmer. Die Autoren wollen tatsächlich nicht mitkommen, aber das hatte ich in meinem Plan bereits berücksichtigt: Ich switche um auf wenig bekannte, junge Influencer.

Meine Kollegin Yasmin hat mir gerade eröffnet, dass sie eine ganz ähnliche Idee hat wie ich – und sie hat es tatsächlich geschafft, einen unserer besten Autoren davon zu überzeugen, mit ihr zu kommen. Nach dem ersten Schreck vereinbaren wir, über eine gemeinsame Gründung nachzudenken.

Alex hat wegen seines ersten massiven Liebeskummers tatsächlich das Abi nicht geschafft – er muss die letzte Jahrgangsstufe wiederholen. Damit er nicht die Schule wechseln muss, ist das Landhaus erst einmal vom Tisch. Dadurch muss ich mir gleich zu Anfang doch ein Büro mieten. Ich suche mir einen Platz in einem Coworking-Space, in dem viele kreative Freelancer arbeiten: Vielleicht finde ich dort sogar meine ersten Teammitglieder für meinen neuen Verlag.

TIM

Jetzt weihe ich alle in meinen neuen Plan ein: die Band, die Kumpels, meinen Chef. Mit den Jungs aus der Band rede ich bei unserem nächsten Probenabend, und ich habe auch schon angekündigt, dass ich etwas mit ihnen besprechen muss – so komme ich nicht mehr raus aus der Nummer. Mit meinen Kumpels und meinem Kletterpartner treffe ich mich in unserer WG – und auch sie wissen schon, dass ich etwas anzukündigen habe. Mit meinem Chef bin ich zum Mittagessen verabredet. Ich werde dieses Studium in kürzester Zeit mit bestmöglichen Ergebnissen durchziehen.

Es stellt sich als schwierig heraus, sich so lange am Stück zu konzentrieren. Vielleicht habe ich inzwischen wirklich die Aufmerksamkeitsspanne eines Goldfischs? Aber ich habe mich schlaugemacht: Statt den Abend vor dem Bildschirm mit einem Computerspiel ausklingen zu lassen, mache ich Gedächtnisspiele und -übungen. Es muss doch möglich sein, meinen Kopf umzuprogrammieren, damit er länger arbeiten kann und will. Mein Handy in der Tasche zu lassen hat nicht funktioniert. Gleich am ersten Tag meines Vorhabens habe ich einen wichtigen Anruf meines Dozenten verpasst, den ich dann in den Folgetagen nicht mehr erreichen konnte. Sehr ärgerlich! Da ich das lange Arbeiten am Stück aber ohnehin (noch) nicht schaffe, was ich fast schon befürchtet hatte, genehmige ich mir fünf Minuten Message-Zeit pro Stunde. Ich stelle mir einen Alarm, kann dann in den fünf Minuten machen, wonach mir ist – auch Spaßnachrichten mit den Kumpels austauschen. Und dann lege ich das Telefon wieder in die Tasche zurück – auf Flugmodus, um nicht vom kleinsten Vibrieren abgelenkt zu werden. Erschwert wird mein Plan dadurch, dass ich in den letzten Wochen eine Kommilitonin näher kennengelernt habe und gerade anfange, mich in sie zu verlieben. Aber sie kennt ja meine alten Gewohnheiten nicht, sodass ich sie direkt mit meinem neuen Ich, dem »Nur-fünf-Minuten-pro-Stunde-erreichbar-Ich« bekannt machen kann. Es ist vielleicht ja auch eine Chance, dass nicht fünfhundert Nachrichten täglich hin und her wandern.

Ich lege jetzt häufiger meine verschiedenen Freundeskreise zusammen: So lernen sich alle besser kennen, auch meine neue Freundin, und ich kann Zeit mit allen verbringen, ohne dafür jeden Tag auf Achse sein zu müssen.

JULIA

Mit meinem Vermieter habe ich einen Telefontermin vereinbart, wie er sich einen Nachmieter genau vorstellt. Meinen Eltern und Geschwistern teile ich mit, wie ich mir ihre Unterstützung jetzt kurz vor der Abreise nach Singapur und auch während meines Aufenthalts wünsche. Und auch mit dem Personalleiter habe ich einen Termin, um meine Prioritäten mit denen des Unternehmens abzuklären. Nur wer Erwartungen klar kommuniziert, kann verstanden werden.

Mein Vermieter teilt mir mit, dass er vorhat, die Wohnung zu verkaufen. Das ist ein Schock. Ich muss mein kleines Nest, meine kleine Heimat, tatsächlich ganz aufgeben. Meine Eltern machen mir klar, dass sie nicht bereit sind, meine kompletten Möbel bei sich unterzustellen. Also heißt es jetzt: verschenken und verkaufen, was das Zeug hält. Mich reduzieren, so weit es geht. Meine Schwester ist gerade umgezogen, kann sicherlich das ein oder andere von mir gut gebrauchen und spart so sogar noch Geld.

Mit meiner besten Freundin hatte ich einen großen Streit, da ich zwar zu ihrem Junggesellinnenabschied noch da sein werde und mich darum kümmern kann, aber genau eine Woche vor ihrer Hochzeit nach Singapur ziehe und damit als Trauzeugin ausfalle. Dafür hat sie kein Verständnis. Ich spreche mit ihrer Schwester, ob die nicht Trauzeugin sein möchte und ein gutes Wort für mich einlegt. So entspannt sich die Lage hoffentlich wieder, und wir und unsere Freundschaft wachsen gemeinsam an dieser Situation.

Ich habe damit gerechnet, dass nicht alle begeistert von meiner Entscheidung sein werden, weshalb mich die neidischen Blicke und die Skepsis nicht generell überraschen. Ein bisschen mehr Support hätte ich mir von meinen nächsten und liebsten Menschen gewünscht, aber ich kann sie auch verstehen, und am Ende wird es sich fügen. Dafür bin ich sehr begeistert von dem Spirit meines Teams, das mit mir zusammen die Reise nach Singapur antreten wird. Ohne dieses Abenteuer hätte ich diese Menschen gar nicht näher kennengelernt.

Resümee
Jetzt bleibst du flexibel

Du bist flexibel und jederzeit offen für Neues. Du sorgst dafür, dass du Feedback bekommst, und legst dir selbst gegenüber immer wieder ehrlich Rechenschaft ab. Wenn sich Dinge in deiner Umwelt verändern, reagierst du darauf aktiv und handelst entsprechend.

Deine Learnings
- Akzeptieren, dass nicht alles laufen wird, wie man es geplant hat.
- Hindernisse nutzen für stetiges Feedback des Plans.
- Kreativ sein und werden – wie das Leben selbst.
- Das Unvorhergesehene voraussehen, einplanen und abschätzen.

Deine Take-aways
- Andere Perspektiven dynamisch im Sinne der Zielführung annehmen können.
- Neue Beobachtungen integrieren und handelnd auf Umweltveränderungen eingehen können.
- Fassung bewahren, wenn etwas passiert, das nicht zum Plan passt.
- Wissen, dass Überraschungen das Salz in der Suppe des Lebens sind.

Wladimir Klitschkos Essence
Action, reaction, adaption – always keep moving!
Aktion, Reaktion, Anpassung – bleibe immer in Bewegung!

COORDINATION

 Selbstentfaltung

Mit wem und womit?

Jetzt hast du einen konkreten Plan, hast deine Erfolgsfaktoren, Hindernisse und Ablenkungen definiert. Du kannst dein Leben jedoch nur verändern, deine Herausforderung nur bewältigen, wenn du die Dualität von Brain und Power meisterst, mental und körperlich stark bist. Deshalb wirst du nun beides trainieren und koordinieren: Kopf und Körper. Du stellst dein ideales Team zusammen, findest Unterstützer und Mentoren, neutralisierst Nörgler und Gegner. Für deine Herausforderung schaffst du nun die ideale Umgebung, sorgst für klare Regeln und Abläufe. Du wirst offenbleiben für Neues, lernst stetig dazu und wirst immer besser.

C1: Fuse Heart and Head (Bringe Herz und Verstand in Einklang)	Mit der Dualität aus Körper und Geist nutzt du deine Kompetenzen und Ressourcen optimal.
C2: Use the Herd (Nutze die Gemeinschaft)	Du findest Unterstützer, die dir mit ihren Stärken auf dem Weg zum Ziel helfen.
C3: Choose Environment (Wähle die Umgebung)	Du schaffst die ideale Umgebung für deine Zielerreichung.
C4: Keep Learning (Lerne immer weiter)	Du bist Neuem gegenüber offen und lernst, Veränderungen wahrzunehmen.

COORDINATION C1

Fuse Heart and Head
(Bringe Herz und Verstand in Einklang)

100 Prozent dabei, 100 Prozent bei sich, daheim

Du weißt nun, was du willst und wie du dich auf dich und deine Ziele fokussierst. Du hast einen Plan gemacht, die Hürden integriert, die Ablenkungen neutralisiert und weißt auch, wie du die Ziele erreichen kannst. Nun koordinierst du dein Team, deine Umgebung – und dich selbst. Deshalb trainierst du beides: Körper und Geist. Diese Dualität lehrt dich, dass du dein Leben nur wirklich verändern kannst, wenn du auch deinen Körper mobilisierst und an der Veränderung teilhaben lässt. Du musst dich auf alle Dimensionen deiner selbst verlassen können, um in jeder Situation den Teil in dir aktivieren zu können, den du gerade brauchst.

Biomimetik – das Tier in mir

Ich habe früher bei den Vorbereitungen auf einen Kampf auf die Biomimetik zurückgegriffen. Diese Wissenschaft beschäftigt sich mit der Imitation von Modellen, Systemen und Elementen der Natur und der Tierwelt, um komplexe menschliche Probleme zu lösen. Dabei machte ich mir die Eigenschaften von Tieren zunutze, um mich vorzubereiten: Wenn mein Gegner ein Tier wäre, welches wäre er? Wie bewegt er sich dabei? Wie kann ich darauf reagieren – und als welches Tier könnte ich reagieren?

Der Honigdachs ist eines meiner Vorbilder. Er verkörpert für mich Durchhaltevermögen pur: Selbst wenn er von einer Schlange gebissen wird, kämpft er weiter und steht selbst nach einem Biss wieder auf. Genauso wollte ich mich im Ring bei einem Knockdown verhalten.

Wie Darwin schon herausfand, ist nicht das Tier erfolgreich, das am schnellsten, am größten oder am stärksten ist, sondern dasjenige, das sich bestmöglich an seine Umgebung anpasst. Für mich bedeutet das, Herz und Verstand zu verschmelzen und intuitiv die passende Fähigkeit in einer bestimmten Situation zu aktivieren.

Kopf und Bauch verschmelzen

Dich in ein Tier hineinzuversetzen ist der perfekte Weg, Kopf und Bauch zu verschmelzen. Das Ziel ist, dass du auf intuitive Art und Weise deine Reaktion automatisch an Ereignisse anpasst.

Das innere Arbeitsklima finden

Willenskraft entsteht durch die gleichzeitige und die gegenseitige Stärkung von Körper und Geist. Dabei ist der Geist der beste Unterstützer des Körpers und der Körper ein hervorragender Lieferant geistiger Energie. Deshalb ist es mir in meinen F. A. C. E.-Seminaren so wichtig, dass beim körperlichen Training geschwitzt und mit klarem Geist visualisiert wird: Die Teilnehmer verstehen und fühlen, dass Körper und Geist untrennbar miteinander verbunden sind. Es geht darum, das ideale innere Arbeitsklima zu finden und anzupassen. So können Menschen ihren Körper besser fühlen, ihm zuhören. Sie werden sich so ihrer Kompetenzen und Ressourcen bewusst und können sie wie ein Orchester dirigieren.

Ich hatte viele Situationen, in denen ich schnelle Entscheidungen treffen musste. Einige aus dem Bauch heraus, andere

106

eher mit dem Verstand. Die besten Entscheidungen waren dabei oft die, bei denen ich mich einer Mischung aus beidem bedient habe. Das war ein echter Lernprozess, und aus diesem Grund sage ich immer: Ich denke mit dem Bauch.

Dualität ist der Schlüssel

Die Dualität von Körper und Geist ist der Schüssel, um Veränderungen in deinem Leben voranzutreiben. Arbeite also nicht nur an deinen Plänen und Visionen, sondern auch an deinem körperlichen Zustand. So lernst du, viele deiner Handlungen zu automatisieren – und kannst dann deine mentale Energie darauf konzentrieren, deine Reaktionen zu schärfen.

Burn-out auf dem E-Scooter

Nichts geht mehr. Burn-out ist schon längst keine Managerkrankheit mehr, sondern betrifft heute auch Verkäufer und Krankenschwestern, Lehrerinnen und Polizisten und sogar Schüler und Studenten. Depressionen nehmen ebenso immer weiter zu.[16] International seien derzeit mehr als 300 Millionen Menschen betroffen, heißt es bei der Weltgesundheitsorganisation (WHO).

Zu den psychischen Problemen kommen heute weltweit immer mehr Erkrankungen durch Übergewicht, verursacht durch Bewegungsmangel und falsche Ernährung mit zu viel Fett und zu viel Zucker. In den Industrieländern, aber auch besonders in Entwicklungs- und Schwellenländern, steigt die Zahl der Übergewichtigen. In Ägypten zum Beispiel gelten derzeit rund 75 Prozent der Erwachsenen und ein Drittel der Kinder als zu dick. Nach Angaben der WHO tötet Übergewicht mittlerweile

---

16 World Health Organization (Hg.): *Depression and Other Common Mental Disorders. Global Health Estimates.* Genf: WHO, 2017.

mehr Menschen als Hunger und ist damit längst das drängendste Ernährungsproblem geworden. Gerade bei Kindern sei die zunehmende Fettleibigkeit alarmierend, notiert die WHO auf ihrer Webseite. Ihr Anteil ist weltweit von 4 Prozent im Jahr 1975 auf 18 Prozent 2016 angestiegen.

Dass körperliche und geistige Gesundheit Hand in Hand gehen, ist schon lange bekannt. Doch immer mehr Studien weisen darauf hin, dass sportliche Aktivität bei der Prävention und Behandlung von psychischen Krankheiten ausschlaggebend ist.[17] Allerdings kann nicht nur der Geist den Körper krank machen, sondern auch umgekehrt der Körper den Geist. Wie das Team um den niederländischen Mikrobiologen Jeroen Raes in einer Studie feststellte,[18] können zum Beispiel Darmbakterien schuld an Depressionen sein. Den Forschern fiel auf, dass in den Stuhlproben von depressiven Patienten deutlich weniger Bakterien der Gattungen Coprococcus und Dialister zu finden waren als in den Proben gesunder Projektteilnehmer. Das hängt zudem entscheidend von der Ernährung ab.

Heutzutage sind Körper und Geist aus dem Gleichgewicht geraten: zu lange Stunden vor dem Bildschirm, zu viel Fett und Zucker aus billigem Fast Food, zu wenig körperliche Aktivität. Die WHO nennt Bewegungsmangel als wichtigen Grund für die weltweite Zunahme an Fettleibigen, resultierend vor allem aus unserem veränderten Mobilitätsverhalten. Das lässt sich täglich im Straßenverkehr beobachten: Das gute, alte Zufußgehen ist out. Vor allem in vielen westlichen Ländern steigen Kinder vom Kinderwagen direkt auf den Tretroller um oder werden von den Eltern chauffiert. Selbst Erwachsene nutzen für die letzte Meile in der Stadt zunehmend E-Scooter. Dabei wäre jeder Meter, den wir zu Fuß gehen, gut für uns, für unseren Körper und unseren Geist.

---

17 Sammi R. Chekroud u. a.: »Association between physical exercise and mental health in 1·2 million individuals in the USA between 2011 and 2015: a cross-sectional study«, in: *Lancet Psychiatry* 9/2018, S. 739 – 746.

18 Jeroen Raes u. a.: »The neuroactive potential of the human gut microbiota in quality of life and depression«, in: *Nature Microbiology* 2019, S. 623 – 632.

Setze dich in Bewegung.
Spüre die Wechselwirkung von Körper und Geist. Die Fitness im Kopf entsteht erst, wenn auch der Körper im Arbeitsmodus ist.

Bauch und Kopf zusammenbringen – Schritt für Schritt

1. Ins Spüren kommen
Dein Körper hat viel zu sagen. Du musst ihm einfach zuhören, ihn spüren, mit Bewegung und echter Anstrengung.

2. Intuition zulassen
Lass los und steig aus dem Gedankenkarussell aus. Schaffe Raum für Intuition und für unterbewusstes Denken.

3. Körper und Geist verzahnen
Bringe Körper und Geist zusammen. Erkenne die Wechselwirkung, spüre und genieße das Einheitsgefühl.

4. Den Flow genießen
Finde den Zustand völliger Versunkenheit in einer Tätigkeit – zwischen Über- und Unterforderung, 100 Prozent dabei und 100 Prozent bei sich, daheim.

Die Personas in Schritt C1

ANGIE

Ich will immer zu viel auf einmal, ich bin immer unter Zeitdruck – doch mein Körper möchte die Herausforderung langsam angehen. Ich höre darauf und laufe erst einmal nur 3 Kilometer am Stück. Wenn ich mich überanstrenge, meldet sich sofort das Knie, der linke Fuß. Dann gehe ich ein Stück meiner Laufstrecke. Ich vertraue meiner Intuition und gebe meinem Körper die Zeit, in Ruhe zu trainieren – ohne den Druck, in kürzester Zeit Ergebnisse zu erzwingen.

Ich beginne jetzt jede Sportübung mit einer kurzen Meditation und fokussiere mich auf das Ziel des Trainings. Dabei spüre ich Muskeln, von deren Existenz ich bislang gar nichts wusste. Ich laufe meine Lieblingsstrecke: Sie führt durch den Park, an einem kleinen Bach entlang zu einem See. Ich laufe in meinem Tempo, mit meiner Musik, ganz allein. Ich bin ganz bei mir, denke an nichts anderes als an das Hier und Jetzt, spüre meinem Herzschlag nach, und bei jedem Schlag flutet zusätzliche Energie meinen Körper.

MAX

Ich war früher sehr sportlich, doch in den vergangenen Jahren habe ich fast nur am Schreibtisch gesessen – oder auf dem Sofa. Nun merke ich, dass die nervliche Anspannung, den Schritt in die Selbstständigkeit zu gehen, über kurz oder lang ganz schön an meiner Gesundheit nagen wird. Ich muss besser auf mich achten, denn Krankheitsphasen kann ich jetzt weniger denn je gebrauchen.

Wenn ich mich bewege, einfach spaziere, kann ich mich gut konzentrieren, gelange buchstäblich und im übertragenen Sinn Schritt für Schritt zur Lösung. Werde ich mein Umsatzziel schaffen? Wird die Investorenrunde zusagen? Hat mein Konzept Aussicht auf Erfolg? Aus diesem Hamsterrad meiner Gedanken steige ich jetzt aus. Stattdessen koche ich meiner Familie etwas Gutes, kaufe auf dem Wochenmarkt ein, und zwischen Gemüse, Obst und Fisch habe ich einen Heureka-Moment: Ich werde einen Küchentimer in der App integrieren, damit die Nutzer beim Einstellen der Garzeit nicht noch ein zusätzliches Gerät benötigen oder die App verlassen.

Je länger ich über das Thema Ernährung nachdenke, desto klarer wird mir, dass es in meinen Rezepten nicht nur um den Geschmack gehen wird, sondern auch darum, wie die einzelnen Zutaten auf den Körper und seine Aktivität wirken. Diesen Ansatz muss ich weiterverfolgen – das ist ein vielversprechender USP. Ich starte eine Versuchsküche für das Zusammenspiel der einzelnen Zutaten.

Ich schwelge stundenlang in farbenprächtigen Bildern: saftige Aprikosen, reife Tomaten, frische Kräuter. Mein Team und ich wählen die besten Fotos für das nächste Buch aus, planen gemeinsam unsere Marketingaktivitäten – und wir merken dabei gar nicht, wie die Zeit vergeht.

TIM

Ja, Studium und Job stehen jetzt klar an erster Stelle. Trotzdem weiß ich, dass ich das Klettern brauche, um im Gleichgewicht zu bleiben. Ich liebe es, jeden einzelnen Muskel in meinem Körper zu spüren, mich voll auf den nächsten Griff, meine Route über die Wand zu konzentrieren. An der Wand fällt es mir leicht, über die volle Distanz meinen Fokus aufrechtzuerhalten.

Das Klettern ist daher auch sicherlich eine gute Übung, wenn es darum geht, weiter an meiner Konzentrationsfähigkeit zu arbeiten. Habe ich mich gut genug auf die kommende Prüfung vorbereitet? Ist mein Projektmodell gelungen, oder bin ich an der Aufgabenstellung vorbeigeschlittert? All diese Gedanken spielen jetzt keine Rolle. Wie an der Kletterwand gehe ich Schritt für Schritt nach oben, verlasse mich auf meine Sicherung am Boden und meine eigene Stärke. Ich bin zwar fit, merke aber, dass ich mich insgesamt nicht wirklich ausgewogen ernähre. Vielleicht liegt es auch daran, dass ich mich nicht lange konzentrieren kann, wenn ich am Schreibtisch sitze? Weil ich nicht mehr so viel ausgehe, muss ich mir zu Hause etwas kochen. Warum nicht mal ausprobieren, sich ausgewogener zu ernähren?

Der Wochenplan aus Lernen, Arbeiten, gutem Essen, Klettern

und Bandproben erweist sich als Schlüssel zum Glück. Mit der Band probe ich zurzeit sogar ein von mir komponiertes Stück. Und es bleibt sogar noch Zeit für meine Freundin. Sie liebt es, mit mir zu kochen, spielt selbst ein Instrument, und gemeinsam jammen wir manchmal einfach spontan. Die Wochen gehen fast mühelos ins Land, und ich bin produktiv wie nie zuvor. Auch wenn ich viel zu tun habe, fließen die einzelnen Aufgaben ineinander, fügen sich wie Puzzlestücke zum großen Ganzen, und ich strahle.

JULIA

In den letzten Wochen habe ich ganz schön viel gesessen: Ich habe viel gearbeitet, um meiner Nachfolgerin eine Struktur zu hinterlassen, in der sie sich zurechtfindet. Zu Hause habe ich dann auch am Rechner gesessen, um Abnehmer für meine Möbel zu finden, zu recherchieren, ob ich einen Teil meiner Lieblingsstücke professionell einlagern kann und welche Stammtische und Sportmöglichkeiten es in meiner Nachbarschaft in Singapur für mich gibt. Dabei habe ich komplett vergessen, noch hier zum Sport zu gehen. Ich bin unausgeglichen, wenn ich keine Bewegung habe. Das weiß ich eigentlich.

Jetzt war ich endlich mal wieder in einer meiner Lieblingssportstunden im Fitnessstudio und fühle mich gleich viel besser. In dieser einen Stunde habe ich gespürt, dass alles gut ist, wie es ist: Ich war mit mir und meiner Entscheidung im Reinen, und auch mein Körper sagte hier noch mal ganz deutlich Ja. Ich habe mich gewissermaßen freigetanzt von meinen Sorgen. Ich habe Muskelkater, aber in der ganzen Hektik der letzten Wochen spüre ich mich zum ersten Mal wieder so richtig. Und ich weiß jetzt, welchen Sport ich in meiner neuen Heimat angehen möchte: Ich suche mir eine Zumba-Gruppe.

Resümee
Jetzt bringst du Bauch und Kopf zusammen!

Du kennst nun das ganzheitliche Zusammenspiel von Körper und Geist und weißt auch, wie wichtig es für deine Gesundheit ist, dich ausreichend viel zu bewegen. Du bist dir deiner Kompetenzen und Ressourcen bewusst und kannst sie wie ein Orchester dirigieren.

Deine Learnings
- Den Körper besser spüren und ihm zuhören.
- Den Unterschied zwischen intuitivem und bewusstem Denken wahrnehmen.
- Verstehen, dass Körper und Geist in untrennbarer Wechselwirkung miteinander stehen.
- Die Macht des Flows in einer Tätigkeit spüren.

Deine Take-aways
- Sich selbst besser verstehen und eine Einheit bilden.
- Den Zusammenhang von körperlicher Bewegung und geistiger Fitness präsent haben.
- Den Körper in den besten Arbeitsmodus versetzen und die eigenen Ressourcen ideal orchestrieren.
- Ein ideales inneres Betriebsklima finden und einstellen.

Wladimir Klitschkos Essence
If you don't feel it, you can't change it.
Wenn du es nicht fühlst, kannst du es nicht ändern.

COORDINATION C2

Use the Herd

(Nutze die Gemeinschaft)

Unsere Unterschiede vereinen sich

Jetzt kannst du dich mit deinen Gefühlen, Gedanken und Kompetenzen koordinieren. Im nächsten Schritt geht es darum, dich mit anderen Menschen zu koordinieren – mit Partnern und mit Gegnern. Du vereinst nun dein ideales Team. Entscheidend ist, dass du die richtigen Charaktere mit den passenden Skills findest. Du benötigst eine klare Vorstellung von den bevorstehenden Aufgaben, damit du dich mit Menschen umgibst, die dich dabei unterstützen, im richtigen Moment die entscheidenden Punkte einzufahren und adäquat zu handeln.

Vitali musste gehen

Ich liebe meinen großen Bruder sehr. Vitali war seit jeher Vorbild und Freund. Wir sind tief miteinander verbunden. Doch nach zwei herben Niederlagen in den Jahren 2003 und 2004 durchliefen wir eine schwierige Phase: Vitali glaubte nicht mehr an mein Wiedererstarken im Ring. Mein Glaube an mich war ungebrochen, und so schloss ich Vitali aus dem Camp aus, war zum ersten Mal in meinem Leben ohne ihn. Gleichzeitig organisierte ich das Team um mich herum komplett neu und umgab mich mit Menschen, die an meinen wiederkehrenden

Erfolg ebenso glaubten wie ich. Und wir sollten recht behalten …

Emanuel war ein Boxphilosoph, er sagte immer: »Every person has certain qualities. See it. Use it. Don't kill it all at once.« Was so viel bedeutet wie: Schau dir an, wen du in deinem Umfeld hast. Schau, welche Fähigkeiten diese Menschen haben, und nutze sie, um dich bei deiner Herausforderung zu unterstützen. Schließe nicht von vornherein jemanden aus.

Das Leben ist ein Teamsport

Es ist unmöglich für dich, dein Ziel ganz allein zu erreichen. Du brauchst Mentoren, Verbündete, Weggefährten und Unterstützer, die dir helfen, dich deiner Herausforderung zu stellen. Menschliche Netzwerke verändern sich und entwickeln sich weiter. So schwierig das manchmal ist – du musst wissen, welche Menschen du brauchst, welche dich besser machen. Auch Konkurrenten können solche Menschen sein.

Fans und Geschäftspartner – mein neues Team

Während meiner Karriere als Boxer unterstützten mich meine Fans – ich verdanke jedem einzelnen von ihnen viel. Heute möchte ich diese positive Energie zurückgeben und Menschen dabei unterstützen, ihre Probleme in Herausforderungen zu überführen und diese so zu bewältigen. Ich nutze dafür meine Erfahrung und die daraus entstandene Methode F. A. C. E. Auch meine Geschäftspartner bringen ihre Expertise ein und tragen dazu bei, dass mein Team und ich neue Produkte und Themen entwickeln, die wiederum dabei helfen, die Methode F. A. C. E. weiter auszubauen und zu transferieren. Dieses Partnernetzwerk ist mein neues Team.

Als ich über meine zweite Karriere nachgedacht habe, wurde

mir schnell bewusst, dass ich nicht nur beim Thema Boxen bleiben, sondern mich sehr viel breiter aufstellen wollte. Also umgab ich mich immer mit Experten aus meinem Netzwerk, die mich in den einzelnen Vorhaben unterstützten.

Werkzeuge für die Willenskraft

Finde dein Team, denn du kannst dich nicht komplett allein allen Stufen stellen, die deine Herausforderung bereithält. Du kannst neutrale Beobachter zu Verbündeten machen, indem du sie von dir überzeugst. Und du kannst sogar echte Gegner in Unterstützer wider Willen verwandeln: Nutze sie als Werkzeuge, um deine Willenskraft zu schärfen oder um die Schwarzmaler und Herunterzieher zu neutralisieren.

Gemeinsam neue Ziele erreichen

Im Personalmanagement werden heute hierarchische Strukturen und eine autoritäre Führung nicht mehr als Erfolg versprechend angesehen. Beim klassischen Top-down handeln die Angestellten nur auf Ansage und Anweisung – Eigeninitiative und Eigenverantwortung kommen nicht zum Zuge. Doch sich schnell verändernde Prozesse benötigen agile Problemlösungen, sodass heute Dynamik, Netzwerkarbeit und Kooperation die Attribute moderner Führung darstellen.

Vor allem flache Hierarchien haben sich als Methode bewiesen, in agilen Situationen bessere Ergebnisse zu liefern. Einer Studie[19] von Kienbaum und Stepstone zufolge sind Unternehmen mit flacher Hierarchiestruktur innovativer – und dann am

---

19 Kienbaum und Stepstone (Hg.): *Organigramm deutscher Unternehmen. Wie Führungskräfte die neue Arbeitswelt erfolgreich gestalten können.* Köln und Düsseldorf: Kienbaum und Stepstone, 2016.

erfolgreichsten, wenn die Führungskräfte ihre Mitarbeiter inspirieren, motivieren, intellektuell anregen und individuell fördern.

Führung muss zudem zunehmend individuell gestaltet werden. Diversität und wandelnde Voraussetzungen der Mitarbeiter benötigen immer wieder Anpassungen im Management. Dabei ist die aktive Rolle des Vorgesetzten in Form von Leadership-Agility[20] gefordert, Machtpositionen und hierarchische Strukturen werden aufgebrochen, und es entsteht mehr Nähe zum Mitarbeiter.

Innovative Ideen resultieren meist aus der Zusammenarbeit und in einer Atmosphäre, welche Lernen als kollektiven Prozess und kollektive Intelligenz definiert.[21] Das heißt, nicht der Vorgesetzte oder Manager hat das Vorrecht, innovative Ideen zu formulieren, sondern das Kollektiv durchläuft einen gemeinsamen Lernprozess und entwickelt Vorschläge. Heute leben innovative Arbeitsmethoden wie Scrum oder Design-Thinking davon, dass immer wieder unterschiedliche Mitarbeiter in den Entscheidungsprozess involviert sind und durchaus etwas zu sagen haben.

Eine Herausforderung für die Arbeitswelt heute sind auch die zunehmende Mobilität und Globalisierung. Die Teammitglieder sitzen zum Teil gar nicht mehr alle beisammen am selben Standort, sondern erledigen ihren Job mobil von unterwegs oder sind gar auf verschiedenen Kontinenten ansässig. Hier müssen Vorgesetzte vor allem Online-Kommunikation optimal nutzen, um den Zusammenhalt zu gewährleisten und die gemeinsame Identität zu bewahren: Videokonferenzen, Chat-Tools, Mails.

---

20 Bill Joiner, Stephen Josephs: *Leadership Agility. Five Levels of Mastery for Anticipating and Initiating Change,* San Francisco: Jossey-Bass, 2007.

21 Dominik H. Enste, Theresa Eyerund, Inna Knelsen: »Führung im Wandel. Führungsstile und gesellschaftliche Megatrends im 21. Jahrhundert«, in: *RHI-Diskussion* 22/2013.

Erlebe die Kraft der Zusammenarbeit!

Alleine gehst du schneller, im Team gehst du weiter.

Die Gemeinschaft nutzen – Schritt für Schritt

1. Kompetenzen auflisten
Du musst dir im Klaren sein, was du kannst und was nicht, wo du Unterstützung brauchst und wo du Schwachstellen hast.

2. Mentoren finden
Lernen verlangt Demut und erfahrene Sparringspartner, die dir unnötige Umwege und Fehler ersparen.

3. Zweifler und Herunterzieher neutralisieren
Menschen, die das Gegenteil, das Gleiche oder gar nichts tun wollen: Niemand von ihnen wird dich stoppen.

4. Team aufbauen
Es gibt viele Rollen zu besetzen im Team. Jede Position ist wichtig und leistet einen Beitrag zu deiner Zielerreichung.

Die Personas in Schritt C2

ANGIE

Ich bin grundsätzlich recht sportlich, das ist schon einmal ein Vorteil. Allerdings weiß ich, dass ich an Dingen rasch die Lust verliere, wenn ich nicht schnell genug Erfolge sehe. Außerdem muss ich wohl noch an meiner Lauftechnik arbeiten. Durch den regelmäßigen Austausch in meiner Laufgruppe habe ich aber gelernt, dass sich Erfolge manchmal eben langsamer einstellen – das ist ganz normal. Eine Mitläuferin ist Sportlehrerin, die hat mir in Sachen Laufstil schon viel beigebracht. Ich stelle aber fest, dass ich immer wieder einknicke und mein Training schwänze, sobald die Kinder oder der Lebensgefährte meine Aufmerksamkeit einfordern. Da kann ich viel von meiner Freundin Katie lernen. Sie achtet sehr konsequent auf ihre Bedürfnisse – jetzt werde ich sie bitten, mich darin zu coachen.

Meine Familie ist insgesamt ganz schön nörgelig: Alle sind wenig begeistert davon, wie viel Zeit ich in mein Training investiere, und stacheln sich gegenseitig an. Da muss ich mich immer wieder durchsetzen – auch bei unseren Urlauben. Ich möchte Reisen machen, bei denen mir Zeit für mein Training bleibt. Die drei dürfen dann morgens länger schlafen, während ich zum Brötchenholen jogge. Oder sie sind abends für die Zubereitung des Essens zuständig, während ich meine Runde drehe.

Zu meinem Team gehören die Laufgruppe und Katie. Mit Katie mache ich alle vierzehn Tage einen Termin aus: Entweder coacht sie mich am Telefon, oder wir treffen uns zum Kochen. Die Laufgruppe hält mich bei der Stange – so habe ich regelmäßige Trainingstermine und kann mir nicht selbst ständig Ausreden einfallen lassen, um nicht zu laufen. Die Gruppe treffe ich mindestens einmal pro Woche, jede Woche bestimmt ein anderes Teammitglied die Strecke. Unser jüngstes Teammitglied Samantha hatte die coole Idee, unsere Lauffortschritte in einem Blog zu dokumentieren. Das spornt alle an, und wir haben jetzt sogar einen Namen für unsere Gruppe gefunden: Wir sind die »Running Stones«.

MAX

Trendthemen zu identifizieren und anzugehen, darin bin ich gut. Aber Social-Media-Marketing ist ein sehr wichtiger Baustein in meinem Geschäftsmodell, und damit kenne ich mich noch zu wenig aus. Außerdem bin ich häufig recht ungeduldig, das kann Autoren und Investoren abschrecken.

Von meinem Team kann ich gerade in den Bereichen viel lernen, die nicht meine Stärken sind. Und ich habe Kontakt zu der Frau aufgenommen, die vor über zwanzig Jahren meine erste Chefin war – sie ist mittlerweile Rentnerin. Ich habe sie immer für ihre Ruhe und Besonnenheit bewundert – davon bräuchte ich etwas mehr. Sie hat schon zugesagt, als Mentorin in mein Start-up zu kommen, und freut sich darauf, uns helfen zu können. Meine ehemalige Kollegin Yasmin möchte nicht mit mir kooperieren. Sie setzt ausschließlich auf Print, von meiner Idee mit der Rezepte-App hält sie nichts. Doch mein Konzept ist besser. Ich werde versuchen, ihr die beiden Autoren, die sie in ihr Unternehmen mitgenommen hat, wieder abzuwerben.

Mein Team habe ich sorgfältig ausgewählt: Menschen, die für das gleiche Thema wie ich brennen, aber andere Skills haben. Mein Social-Media-Team ist super aufgestellt. Viele Start-ups arbeiten in dem Bereich mit Studenten und Praktikanten, darauf habe ich bewusst verzichtet. Die sozialen Medien sind für mein Marketing so wichtig, dass ich dabei Leute mit Erfahrung brauche.

Mein Sohn interessiert sich zwar nicht so sehr für sein Abi, dafür liegt ihm aber das praktische Arbeiten. Ich habe ihm einen Nebenjob im Großmarkt bei einem Gemüsehändler verschafft, der exotische Sorten anbietet und den ich sehr schätze. So haben wir jetzt indirekt eine gemeinsame Aufgabe, ich kaufe bei ihm ein, lerne von ihm und er von mir. Unser Verhältnis blüht auf – wir sind ein Team.

TIM

Ich bin gut vernetzt, habe eine recht schnelle Auffassungsgabe und bin ein kreativer Kopf. Was mir fehlt, ist die klare Struktur. Ich weiß, dass ich auf nichts verzichten will – Studium, Arbeit, Klettern, Band,

Freundin, Freunde –, merke aber, dass es mir nicht so gut gelingt, alles unter einen Hut zu bringen. Irgendwie fällt doch immer jemand hintenüber. Und weil ich jetzt mit meiner Freundin jemanden habe, mit dem ich auch Musik machen kann, lasse ich die Bandproben schleifen. Und auch das Lernen funktioniert weniger gut, seit das Wetter draußen einfach zu verführerisch ist.

Zeit, mir Verbündete zu suchen: Ich gründe eine Lerngruppe. Bestimmt geht es in meinem Studium vielen wie mir, und sie können sich allein nicht so gut aufraffen. In meinem Unternehmen gibt es einen zweiten dualen Studenten. Er studiert zwar ein etwas anderes Fach als ich und ist in einem niedrigeren Semester, trotzdem haben wir bestimmt viele Überschneidungen und in jedem Fall beide die Challenge, Job und Studium unter einen Hut bekommen zu müssen. Ihn frage ich zuerst, auch wenn er letztlich auch mein Konkurrent sein wird, wenn es darum geht, nach dem Studium fest angestellt zu werden. Jetzt aber sind wir bestimmt ein gutes Team und können voneinander profitieren. Zudem gibt es an meiner Uni ein Mentoring-Programm. Da vereinbare ich ein erstes Gespräch – vielleicht hat dort ja noch jemand spezielle Tipps. Mein Kernteam für mein Ziel sind mein Lernpartner und mein Kletterpartner.

Meine Freundin Jenny ist Teil meines erweiterten Teams. Mit ihr verbringe ich Zeit zu Hause und mache Musik. Das ist gerade viel weniger stressig, als mich dauernd mit der Band und deren Unverständnis rumschlagen zu müssen. Vielleicht gründen wir nach meinem Studienabschluss gemeinsam eine neue Band? Der Mix der Menschen in meinem Umfeld und die Aussicht auf meine Zielerreichung geben mir neuen Antrieb.

JULIA

Ich bin gut organisiert und kann mich auf meine Kompetenzen verlassen. Und ich bin neugierig auf Neues, auf fremde Kulturen, auf Menschen. Was ich nicht so gut kann: lockere Bekanntschaften zu machen. Und ich bin nicht so gut im Improvisieren – weder im Job noch privat. Meine engsten Freunde kenne ich seit der Schulzeit, mein Arbeitsumfeld habe ich immer voll im Griff.

Deshalb freue ich mich, dass ich nicht allein nach Singapur gehen werde, sondern in einem Team von insgesamt vier Personen aus unserem Unternehmen. Wir sind die vier Musketiere, und gemeinsam werden wir Unwägbarkeiten überwinden und Lösungen finden. Wir sitzen schließlich alle im selben Boot. Ein Senior-Ingenieur, Jalar, ist bereits vor Ort und hat sich um die Anmietung von Büroräumen gekümmert. Er stammt aus Singapur und war die letzten zehn Monate bei uns im deutschen Office. Hier haben wir uns schon kennengelernt. Er hat uns angeboten, uns »sein« Singapur zu zeigen, und hat bereits Business-Kontakte geknüpft, sodass wir nicht bei null anfangen müssen. Wir müssen schnell sein: Auch die Konkurrenz hat den Markt für sich entdeckt und plant, glaubt man den Branchengerüchten, etwas Ähnliches wie wir.

Ich werde die Organisation systematisch aufbauen und kann auf meine Mitstreiter zählen. Jeder kennt seinen Platz. Wir werden uns hier gut ergänzen, unterstützen und uns nicht in die Parade fahren. Meine Familie und Freunde in Deutschland sind mein perfektes Back-up.

Resümee
Jetzt nutzt du deine Gemeinschaft!

Du kannst deine Herausforderung nicht allein meistern, du brauchst Unterstützung und Verstärkung durch die richtigen Menschen. Das Leben ist Teamarbeit – die Gruppe macht das Leben spannender, und die Herausforderungen des Lebens machen das Team stärker.

Deine Learnings
- Verstehen, dass die Wahl der richtigen Teampartner entscheidend ist für Wachstum im Beruf und im Leben.
- Kompetenzen und Fähigkeiten identifizieren, die man nicht besitzt.
- Stärken anderer erkennen und Menschen identifizieren, die die eigenen Fähigkeiten ergänzen.

Deine Take-aways
- Wissen, dass man nicht allein ist, Vertrauen und Mut gewinnen.
- Wirklich auf Mentoren verlassen können, die der Zielerreichung dienen.
- Das persönliche Umfeld von schädlichen Einflüssen bereinigt haben.
- Das Team optimal für positiven Input aufgebaut und in den Alltag integriert haben.

Wladimir Klitschkos Essence
Alone we go faster, together we go further.
Allein kommen wir schneller vorwärts, gemeinsam schaffen wir es weiter.

COORDINATION C3

Choose Environment

(Wähle die Umgebung)

Wenn das Wo im Leben definiert ist, gelingt das Wie

Du hast Körper und Geist vereint und dein Team zusammengestellt. Nun wählst du sorgfältig deine Umgebung: der Ort, an dem du am besten arbeiten kannst. Dieser Platz wird deine Konzentration beeinflussen, deine Produktivität. Er definiert, wann und mit wem du interagieren kannst. Und er sollte ein Kokon sein, dessen Regeln und Funktionen du allein kontrollierst. Der richtige Ort ist die beste Verteidigung gegen Ablenkungen und ermöglicht dir, wichtige Vorhaben anzugehen.

Trainingscamp immer am selben Ort

Das richtige Trainingscamp macht die Hälfte eines Kampfs aus. Ich zog mich immer an denselben Ort in die österreichischen Alpen zurück. Diese Gleichförmigkeit, die Ruhe und die schöne Natur waren für mich die Grundvoraussetzung für ein erfolgreiches Training. Ziel war es, Körper und Geist vorzubereiten und mich langsam, aber sicher dem entscheidenden Tag, dem Tag des Kampfs zu nähern. Ich plante jedes Detail, denn alles zählte: Ernährung, Zusammensetzung des Teams, Auswahl der Sparringspartner, Zeitpläne, Atmosphäre. Die Regeln, die ich im

Camp aufstellte, waren sehr streng, und sie galten für alle. Ich überließ nichts dem Zufall.

Ablenkungen von außen gibt es genug, deshalb war es mir immer wichtig, ein paar Konstanten zu haben, auf die ich mich verlassen konnte. Das immer gleiche Camp mit den immer gleichen Regeln am immer gleichen Ort war dabei eine wichtige.

Schaffe deine eigene Umgebung

Du solltest ganz genau darauf achten, wo du arbeitest. Schaff deine eigene Umgebung, deine eigenen Regeln. Große Vorhaben brauchen gute Vorbereitungen zu besten Bedingungen – und das Wo ist entscheidend!

Winter in Sibirien

Anfang der 1990er-Jahre. Ich war ein Teenager, 14 oder 15 Jahre alt. Damals reiste ich das erste Mal zu einem Boxturnier nach Sibirien, es war Winter. Natürlich wusste ich, dass ich vor dem Kampf ein gutes Essen und ausreichend Schlaf brauchen würde. Abends gab es Kotelett – doch das Fleisch war verdorben. Da die UdSSR gerade im Begriff war auseinanderzubrechen, gab es einfach nichts anderes. Ich würgte die Brocken hinunter und behielt das Fleisch so lange wie möglich in mir, damit ich zumindest ein paar Nährstoffe und etwas Energie aufnahm. Weil ich merkte, dass mein Hals anfing zu kratzen, bekam ich einen Tee. Als ich diesen nachts trinken wollte, merkte ich, dass er in meiner Tasse gefroren war. Denn zu allem Überfluss waren die Fenster in unserer Unterkunft zum Teil kaputt. Ich stopfte mein Kissen in die Ritzen und Löcher, um die eisige Kälte abzuwehren und etwas Schlaf zu bekommen.

Durch diese Erfahrung merkte ich, welch große Rolle die Umgebung spielt und wie wichtig es ist, darauf Einfluss zu nehmen. Um eine aktive Wahl treffen zu können, braucht es natürlich ein klares Verständnis der Möglichkeiten und der persönlichen Prioritäten. Ich machte mir daher früh bewusst, was ich als perfekte Umgebung bezeichne, um mich bestmöglich vorbereiten zu können.

Mach das Beste aus dem Schlimmsten

Manchmal hast du keine Kontrolle über deine Umgebung – und musst dennoch damit klarkommen. Du kannst aber entscheiden, wie du darauf reagierst. Und du kannst das Beste daraus machen, auch, wenn es in diesem Moment das Schlimmste ist.

Das Büro der Zukunft hat viele Zimmer

Die Idee klang gut. Großraumbüros, so hieß es lange Zeit, helfen der Teamarbeit auf die Sprünge. Wer Kopf an Kopf arbeitet, kann schneller und effektiver kommunizieren, lautete das Wunschdenken. Gemeinsamer Austausch, mehr Kreativität, mehr Miteinander, wie schön. Doch mittlerweile hat sich herausgestellt, dass genau das Gegenteil der Fall ist. Großraumbüros führen nicht zu mehr, sondern zu deutlich weniger Kommunikation, wie die Harvard-Wissenschaftler Ethan Bernstein und Stephen Turban in einer Studie feststellten.[22] Durch den Wechsel vom Einzel- ins Großraumbüro reduzierten sich die direkten Gespräche in den untersuchten Unternehmen um 70 Prozent. Da nun Rückzugsräume fehlten, suchten die Angestellten nach neuen Möglichkeiten, um sich Privatheit zu verschaffen. Die Mitarbeiter stellten die direkte Kommunikation ein und wichen stattdessen auf Chat-Rooms aus.

22 Ethan Bernstein, Stephen Turban: »The Impact of the ›Open‹ Workspace on Human Collaboration«, in: *Philosophical Transactions of the Royal Society B. Biological Sciences* 1753/2018.

Als modern und zukunftsgewandt gilt heute das Remote-Office. Im Schlafanzug entspannt daheim am Bildschirm sitzen, per Knopfdruck ins weltweite Meeting switchen, auch mal in einem Café arbeiten – die Digitalisierung macht's möglich. Kein Pendeln durch den Stau ins Büro, kein Kleinkrieg mit Kollegen in der Teeküche – alles total stressfrei. Doch eine Studie der Forscher Younghwan Song und Jia Gao vom Institute of Labor Economics zeigte,[23] dass diese Annahme nicht für jeden zutrifft. Heimarbeit oder Arbeiten von unterwegs bedeutete für viele Teilnehmer der Studie mehr Stress und weniger Glücksgefühle als die Arbeit im Büro. Sie setzten sich häufig unter Beweisdruck, dass sie daheim ebenso viel oder mehr leisteten wie im Büro. Gleichzeitig fehlte der persönliche Kontakt zu Kollegen und Vorgesetzten – nicht jeder mag das.

Doch wie soll es aussehen, das Büro der Zukunft? Da Arbeit immer flexibler wird, haben statische Büros ausgedient. An ihre Stelle treten multifunktionale Räume, die sich je nach Auftragslage, Auftragsart und Teamstruktur umwandeln lassen. Innovative Office-Architektur setzt heute auf unterschiedlich gestaltete Flächen für die verschiedenen Jobanforderungen.

So hat Microsoft an einigen Standorten bereits gar keine festen Arbeitsplätze für die Mitarbeiter mehr eingeplant. Wer von daheim oder unterwegs arbeiten möchte, kann das problemlos tun. Wer ins Büro kommt, sucht sich dann eben den Arbeitsplatz, den er gerade braucht: den offenen Bereich für Meetings und Teamwork, das Einzelbüro fürs konzentrierte Arbeiten. Das Facebook-Headquarter im kalifornischen Menlo Park hat sogar einen weitläufigen Garten auf dem Dach: Der wurde nicht nur zur Erholung für die Mitarbeiter angelegt, sondern auch für die von Chef Mark Zuckerberg besonders geschätzten Walking Meetings.

---

23 Younghwan Song, Jia Gao: »Does Telework Stress Employees Out? A Study on Working at Home and Subjective Well-Being for Wage/Salary Workers«, in: *IZA DP* 11993, 2018.

Gestalte deinen idealen Arbeitsplatz
Schaffe für jede Arbeit die passenden Bedingungen. Das gibt dir und deinem Tun die richtige äußere Struktur.

Die Umgebung wählen – Schritt für Schritt

1. Das Wo finden
Wo kannst du eine bestimmte Aufgabe optimal erledigen? Welches Klima ist zielführend?

2. Arbeitsumgebung gestalten
Gestalte deinen Arbeitsbereich übersichtlich, reduziere Reize und lass dich nicht ablenken.

3. Regeln definieren
Mit einer klaren Arbeitsablauforganisation und einer präzisen Rollenverteilung sorgst du für ein produktives und positives Klima.

4. Natur spüren
Der Kontakt zur Natur ist gut für deine Seele. Die Natur bringt dich zur Ruhe, sie lehrt dich Demut und die Konstanz des Wandels.

Die Personas in Schritt C3

ANGIE

Daheim laufe ich meist den gleichen Weg oder die von der Laufgruppe ausgesuchte Strecke. Wenn ich auf einer Dienstreise oder im Urlaub bin, wähle ich die Unterkunft so, dass ein Park oder eine Grünfläche in der Nähe ist oder diese einen Fitnessbereich mit einem Laufband hat. Meine Laufsachen lege ich immer bereit. Wenn ich abends trainiere, ist meine Familie fürs Essenkochen zuständig. Das klappt derzeit noch nicht optimal, aber ich mische mich nicht ein. Wer kocht, bestimmt, was es zu essen gibt – und Punkt.

Ich laufe bei jedem Wetter. So spüre ich die Natur hautnah – Sonne, Regen, Schnee. Früher habe ich den Wechsel der Jahreszeiten kaum mitbekommen, heute fühle ich mich viel lebendiger – auch in dieser Hinsicht.

MAX

Mein Büro habe ich minimalistisch eingerichtet, keine Spielereien. Neben der Tür steht ein Körbchen auf dem Regal: In das kommt das Handy hinein, sobald ich das Büro betrete. Bei besonders kniffligen oder neuen Ideen und Problemen genieße ich es, mich auf meine »Nachdenkwanderung« zu machen – allein. Diese Zeit brauche ich für mich und meine Ideen.

Wenn ich mich auf Konzepte oder Korrespondenz konzentrieren muss, brauche ich absolute Ruhe und eine Tür, die ich hinter mir schließen kann – am liebsten in meinem minimalistischen Büro. Keine Ablenkungen! Für gemeinsames Brainstorming haben mein Team und ich unsere Kreativküche mit viel Platz an der Wand, um Ideen und Visualisierungen anzupinnen. Unsere Morgenmeetings in der Kreativküche halten wir grundsätzlich im Stehen ab, das darf nicht länger als fünf Minuten dauern.

Neue Buchreihen oder digitale Produkte analysiere ich gerne zuerst allein, dabei muss ich mich bewegen. Ich fahre dann zu meiner Lieblingswanderroute und gehe so lange, bis ich eine Idee von vorne bis hinten einmal durchdacht habe. Durch den Kontakt zur Natur komme ich zur Ruhe – und durch die Bewegung kommt auch mein Geist in Bewegung. Auf dem Wanderweg habe ich meine besten Ideen. Außerdem schärft er meine Sinne für die Saisonalität und für die Relevanz der unterschiedlichen Lebensmittel im Wechsel der Jahreszeiten.

TIM

Lange Zeit saß ich am liebsten in unserer WG-Küche zum Lernen und Arbeiten. Mein Schreibtisch in meinem Zimmer diente als Ablage für alles Mögliche. Jetzt habe ich mir eine richtige Arbeitsecke eingerichtet und in einen guten Stuhl investiert. Schon fließen die Gedanken leichter. Sogar ein paar Pflanzen habe ich mir aufs Fensterbrett gestellt, und so genieße ich meine neue Aussicht aufs Grüne. Wenn ich aufblicke, kann mein Blick kurz schweifen, bleibt aber an nichts wirklich hängen. Eine richtige Befreiung ist das! Großartiger Nebeneffekt: Mein Zimmer insgesamt ist jetzt aufgeräumter, da meine frühere Hauptablagefläche weggefallen ist.

Ganz gleich, welcher Tag ist, und egal, ob ich zur Arbeit muss, eine Vorlesung habe oder mir den Vormittag frei einteilen kann: Ich stehe jeden Tag um 7.30 Uhr auf – ohne Wenn und Aber. Erst duschen, ein kleines Frühstück und dann an die Aufgaben. Unglaublich, wie viele Stunden allein der Vormittag auf diese Weise hat! Nach dem Mittagessen, das ich mir inzwischen selbst zubereite, spaziere ich eine Runde um den Block, lasse Revue passieren, was ich geschafft habe und was ich für den Tag noch vorhabe, und atme tief ein und aus. Diese halbe Stunde ist jetzt mit meinem neuen Plan ganz locker drin.

JULIA

In unserem neuen Büro müssen wir uns erst einmal einrichten. Niemand sitzt gern mit dem Rücken zur Tür, aber einen von uns trifft es – anders lassen sich die Tische nicht stellen. Wir vereinbaren eine

Clean-Desk-Politik, sodass sich jeder jeden Morgen theoretisch an einen anderen Tisch setzen kann. Hat einer von uns dann einmal einen Außentermin, kann der ungeliebte »Mit-dem-Rücken-zur-Tür-Platz« frei bleiben. Ansonsten vereinbaren wir einen wöchentlichen Wechsel auf diesen Platz – was bisher gut funktioniert.

Wir sind uns einig, dass wir unser Büro funktional, aber nicht steril einrichten möchten. Noch ist es recht karg, aber ein paar Poster mit besonders schönen Aufnahmen aus unserem Headquarter in Deutschland sind schon bestellt. Die kommen in einen Rahmen. Außerdem gibt es in unserem Bürogebäude die Möglichkeit, Pflanzen zu mieten inklusive eines Gärtners, der diese regelmäßig pflegt. Die Kosten dafür sind einkalkuliert.

Um möglichst lange Überschneidungszeiten mit den Kollegen in Deutschland zu haben, haben wir uns darauf verständigt, dass unser Büro – abgesehen von den Terminen vor Ort – erst ab 12 Uhr mittags voll besetzt ist. Morgens ist nur jeweils ein Kollege im Büro, um Telefonate entgegenzunehmen. Dafür arbeiten wir dann bis 21 Uhr – wenn wir Feierabend machen, ist es in Deutschland erst 14 Uhr. Für uns alle passt das gut so.

Singapur ist grüner, als man es von einer solchen Metropole erwarten würde: botanischer Garten, versteckte Parks, exotische Stadtgärten. Die Möglichkeiten, draußen zu sein und die Natur zu erleben, sind vielfältig. Und die nutze ich vormittags, bevor ich ins Büro gehe. Mit einem vollen Vitamin-D-Depot und freiem Kopf arbeitet es sich gleich viel leichter, und ich merke, wie anders die Natur hier ist und dennoch einem speziellen Rhythmus folgt. Das beeindruckt mich, und ich bin dankbar, dies erleben und Teil dessen sein zu dürfen.

Resümee
Jetzt wählst du die Umgebung!

Du hast nun die richtigen Begleiter, jetzt schaffst du die passende Umgebung für deine Herausforderung. Das erfordert, dass du dein Wo findest und deine Wirkstätten sinnvoll gestaltest – so flexibel, wie es nötig ist.

Deine Learnings
- Verstehen, dass das Wo einen großen Einfluss auf die Zielerreichung hat.
- Klare Grenzen ziehen und den Dingen die angemessene Aufmerksamkeit zukommen lassen.
- Ein umfassendes Zusammengehörigkeitsgefühl entwickeln.
- Die Vorteile des Kontakts zur Natur erkennen.

Deine Take-aways
- Für jede Aufgabe die passenden Bedingungen schaffen können.
- Verstehen, dass die Umgebung Stärke verleiht.
- Lernen, dass die Beziehung zum Raum dem Leben Struktur gibt.

Wladimir Klitschkos Essence
Find the where and you will find the how.
Finde das Wo, und das Wie wird sich finden.

COORDINATION C4

Keep Learning

(Lerne immer weiter)

Wissen wird mehr, wenn du es teilst

Du hast nun erfahren, wie du Körper und Geist vereinst, wie du dein Team für deine Herausforderung zusammenstellst und die optimale Umgebung schaffst. Doch du lernst immer weiter. Gehe voran, und bleibe offen für Neues. Begegne der Welt mit Respekt und Demut, denn je mehr du weißt, desto mehr wird dir klar, was du alles noch nicht weißt. Sei nicht der Klügste im Raum – sondern der Neugierigste.

Dr. Klitschko

Ich wurde mit der Gewissheit erzogen, dass Bildung im Leben wichtig ist. Meine Mutter war Lehrerin, ich lernte gern und kam sogar ein Jahr früher als üblich in die erste Klasse. Meine Eltern unterstützten mich und meinen Bruder Vitali immer bei unserer Sportlerkarriere, aber es war auch unverzichtbar für sie, dass wir unser Gehirn trainierten. Ich studierte nach dem Abitur Philosophie und Sportwissenschaften. Wie Vitali promovierte auch ich parallel zu meiner Laufbahn als Profiboxer.

Ich lerne für mein Leben gern. Am spannendsten finde ich Menschen, die schlauer sind als ich, denn deren Wissen kann ich anzapfen, mit meinem kombinieren und daraus neue Erkenntnisse gewinnen.

Die Welt ist dein Lehrer

Es gibt so viel zu lernen und zu entdecken – aber die Zeit läuft davon. Das ist eine große Herausforderung. Verlasse dich nicht nur auf das, was du einmal vor Jahren gelernt hast. Mach das Lernen zu deiner Leidenschaft und die Welt zu deinem Lehrer.

Captain Klitschko

Das Reisen war schon immer meine treibende Kraft, um aus der UdSSR zu reisen, um Weltbürger zu werden und um neue Länder, Sprachen und Kulturen kennenzulernen. Schon fast logischerweise interessierte ich mich schnell für das Fliegen: Ich las Bücher, interessierte mich für die Technik und flog auch immer wieder als Fluggast mit Hubschraubern. 2018 beschloss ich, endlich selbst Hubschrauber fliegen zu lernen. Ich nahm Unterricht und bestand die Prüfung – jetzt bin ich Pilot!

Alles verstehen zu wollen hat mich schon immer gereizt. Und diese Neugierde werde ich mir hoffentlich bis zu meinem Lebensende bewahren. Denn Lernen hält mich wach. Dieses »Verstehenwollen« treibt mich so lange an, bis ich es wirklich gänzlich verstanden habe.

Völlig Neues lernen

Einen alten Traum erfüllen, eine neue Leidenschaft zu bedienen – Lernen ist für das Gehirn wie Sauerstoff. Frage dich immer: Wann habe ich das letzte Mal etwas völlig Neues gelernt?

Lernen ist gut, wissen, wie du lernst, ist noch besser

Alibaba-Chef Jack Ma ist studierter Pädagoge. Wenn der CEO des größten Handelskonzerns der Welt zum Thema Zukunft der Bildung befragt wird, hält er flammende Plädoyers: »Lehrer sein bedeutet nicht, ›ich weiß es besser als du‹«, sagte Ma dann, »sondern es bedeutet, ›ich weiß es besser, weil ich von anderen gelernt habe‹.« Ein Lehrer dürfe niemals aufhören zu lernen, fordert der Unternehmer und fügt mit Blick auf die Digitalisierung an: »Ändern wir nicht, wie wir unterrichten, dann haben wir in dreißig Jahren große Probleme.« Das Bildungssystem basiere darauf, das Wissen der vergangenen zweihundert Jahre zu vermitteln. Stattdessen sollten Kinder etwas Einzigartiges lernen, was Maschinen niemals können werden. Wichtiger denn je seien gerade im Vergleich mit künstlicher Intelligenz Unterrichtsinhalte wie Wertevermittlung, Überzeugungskraft, unabhängiges Denken, Teamwork und Empathie.

Über das Denken nachdenken, das Lernen lernen – das Zauberwort Metakognition[24] spielt auch eine Rolle bei der sogenannten Singapur-Methode. Die Schüler des asiatischen Stadtstaats schneiden bei internationalen Leistungsvergleichen glänzend ab. Im Matheunterricht zum Beispiel geht es dort um konkrete Problemlösungen, um das Verständnis von mathematischen Konzepten und darum, Denkprozesse über das mathematische Denken zu vermitteln – und nicht um das Auswendiglernen von Formeln. Die Methode ist so erfolgreich, dass sie bereits in amerikanischen, israelischen und englischen Schulen adaptiert wird.

Fest steht: Die Digitalisierung krempelt die Arbeitswelt um, und zwar jetzt schon. Arbeitnehmer müssen sich darauf einstellen, dass viele der Tätigkeiten, die es heute noch gibt, künftig

---

24 Michael J. Beran u. a. (Hg.): *Foundations of Metacognition.* Oxford: Oxford University Press, 2012.

automatisiert werden. Das Weltwirtschaftsforum geht davon aus, dass bis 2025 weltweit 75 Millionen Jobs wegfallen werden. Algorithmen, Roboter und künstliche Intelligenz übernehmen dann viele Arbeitsschritte. Gleichzeitig können die Arbeitnehmer damit rechnen, dass es neue Jobs geben wird, die sich in den nächsten Jahrzehnten immer wieder wandeln. So müssen Menschen Arbeitsabläufe und -inhalte immer wieder neu lernen, um mit der Veränderung Schritt zu halten.

65 Prozent der Jobs, die die zwischen 1995 und 2010 Geborenen der Generation Z einmal ausführen werden, existieren heute noch gar nicht, hieß es beim Weltwirtschaftsgipfel in Davos. Zukunftsträchtig sind damit heute nicht mehr Fähigkeiten wie konkretes Fachwissen und auswendig gelernte Arbeitsabläufe, sondern Skills wie emotionale Intelligenz, flexibles Denken und Kreativität, heißt es in Studien.[25] Das sind genau die Dinge, die Maschinen nicht können. Und das ist unser Glück. Doch Alibaba-Chef Jack Ma warnte bereits davor, was passiert, wenn wir unsere Bildungssysteme nicht schleunigst modernisieren: »Unsere Kinder könnten den Kampf gegen die Maschinen verlieren.«

Lerne immer weiter

Die Welt ist viel zu spannend, um auf der Stelle zu treten.

---

25 Manpower Group (Hg.): *Human Age 2.0. Future Forces at Work.* Düsseldorf: Manpower Group, 2016.

Weiterlernen – die Prozessteile

Im Zentrum des Kreises steht das lebenslange Lernen. Du hast die Dualität von Körper und Geist verstanden und bist im Flow. Durch dein Netzwerk kannst du optimal im Team arbeiten und dieses koordinieren. Deine Umgebung und die Natur verhelfen dir zu perfekten Arbeitsbedingungen. Dabei lernst du immer weiter – von deinem Körper, von anderen, von der Natur und dem Raum, der dich umgibt.

Prozessteil 1: Innenleben
Körper und Geist bilden eine Einheit – daraus entsteht dein Flow.

Prozessteil 2: Sozialleben
Dein Netzwerk an hilfsbereiten Menschen bildet dein Team, mit dem du arbeiten und von dem du lernen kannst.

Prozessteil 3: Natürliches Leben
Eine ideale Umgebung und die Natur bilden deine optimalen Arbeitsbedingungen.

Die Personas in Schritt C4

ANGIE

Wenn ich mich beim Laufen überfordere, kann ich mich schnell verletzen. Durch das regelmäßige Training habe ich gelernt, besser auf meinen Körper zu hören. Das hilft mir dabei, mehr auf mich, meinen Rhythmus, meine Bedürfnisse zu achten. So lerne ich, wie ich meine Energie und meine Fähigkeiten am sinnvollsten einsetze, um immer bessere Ergebnisse zu erzielen. Als Ausgleich zum Lauftraining möchte ich als Nächstes meine Koordination schulen: Ich mache einen Online-Gitarrenkurs – das wollte ich immer schon lernen, und zugleich spiele ich dann die Hits mit der Gitarre, die mich zugleich beim Laufen motivieren!

Meine Laufgruppe gibt mir nicht nur Halt und Struktur, ich lerne auch viel von meinen Gleichgesinnten. Jeder hat seine Rolle im Team. Wir kommen Woche für Woche gemeinsam voran und verbessern unsere Laufzeiten – wenn auch nicht mehr in den riesigen Schritten wie ganz zu Anfang. Gerade durch das Team lassen wir uns aber davon nicht entmutigen, sondern sehen den Fort-schritt.

Woche für Woche merke ich, wie die Natur völlig selbstverständ-licher Bestandteil meines Lebens wird. Die Natur ist mein Zuhause. Meine Sinne sind geschärft, und das fühlt sich gut an. Ich komme immer mehr bei mir an.

MAX

Ich möchte häufig mit dem Kopf durch die Wand. Doch ich habe jetzt gelernt, meine Gedanken zu sortieren, und kann auch in schwieri-gen Situationen ruhiger bleiben, meine Herausforderungen geordnet angehen. Außerdem plane ich, den internationalen Markt zu erobern. Dafür muss ich mit meinen Geschäftspartnern auf Augenhöhe ver-handeln können. Doch meine Fremdsprachenkenntnisse sind nicht die besten. Ich werde mir jetzt eine gute Sprachschule suchen und diese Kenntnisse richtig aufpolieren.

Mein Team hilft mir fachlich weiter, aber am meisten profitiere ich von der Zusammenarbeit mit meiner Mentorin – meiner Chefin von früher. Sie ist in der Branche gut vernetzt. Gerade als Rentnerin ist sie aber viel unterwegs und nicht immer greifbar. Die Kontakte, die sie mir vermittelt hat, sind jedoch Gold wert. Ich merke, wie sich die Puzzleteile langsam zusammenfügen und wir als Team an einem Strang ziehen, ohne uns auf die Füße zu treten. Früher habe ich gedacht, ich bräuchte einfach nur einen Laptop und ein freies Eck-chen, um meinen Job zu machen. Doch die Qualität meiner Arbeit steigt in einer passenden Umgebung deutlich.

Ich lasse mich leicht ablenken, sodass ich mir ein reizarmes Büro geschaffen habe – so kann ich mich wesentlich besser konzentrie-ren. Endlich kann ich alles selbst bestimmen. Mein Tagesablauf fühlt sich inzwischen schon komplett natürlich an. Ich weiß von Tag zu Tag mehr, dass die Entscheidung zur Selbstständigkeit der richtige Schritt war.

TIM

Was ich einmal als Freiheit definiert habe, war in Wirklichkeit einfach Ziellosigkeit: Ich trieb durch den Tag und durch mein Leben. Jetzt hat alles eine viel klarere Ordnung, und ich merke, wie sich dadurch Freiheiten ergeben, die ich vorher so nicht hatte.

Alles hat seinen Raum: Die regelmäßige und gezielte Bewegung in der Kletterhalle wirkt sich nun auch auf meine Konzentrationsfähigkeit positiv aus. Zu Hause absolviere ich jetzt täglich Vorbereitungsübungen fürs Klettern, mache Liegestütze und Klimmzüge und habe mir einen Handtrainer angeschafft, den ich während des Lernens nutze und zugleich die Muskulatur in meinen Fingern stärke. Körper und Geist regen sich gegenseitig an wie ein Perpetuum mobile.

Meine Freundin unterstützt mich sehr. Ich bin sehr glücklich, sie zu haben. Und auch meine WG ist jetzt wieder viel stärker in mein Zentrum gerückt. Ich bin regelmäßiger zu Hause und schätze die Begegnungen in der Küche, aus denen sich oft auch gute Anregungen für mein Studium oder ein Projekt ergeben. Mein Mitbewohner Marc studiert Architektur: Er konnte mir beim Bau eines technischen Modells für eine Semesterarbeit schon so manchen Kniff beibringen. Und auch meine Lerngruppe mit meinem Arbeitskollegen erweist sich als sehr gute Idee: Wir tauschen uns aus, motivieren uns, und ich vergesse fast, dass wir irgendwann einmal auch Konkurrenten sein könnten.

Ich habe so viel Energie, dass ich bei jedem Wetter mit dem Fahrrad fahre, egal ob zur Arbeit, zur Uni, sogar zur Kletterhalle. Die frische Luft um die Nase und die Gewissheit, dass ich das Tempo vorgebe, in dem ich von A nach B komme, sind alle Anstrengungen wert. Jetzt im Herbst zu beobachten, wie sich die Blätter langsam bunt färben und unter den Reifen rascheln, versetzt mich fast in kindliche Freude. Schön ist das!

JULIA

Ich bin in meinem neuen Leben angekommen. Die Zweifel sind verschwunden, ich werde jeden Tag selbstbewusster. Und auch der kleine Speckbauch, der sich in der Zeit meiner Reisevorbereitungen mit zu wenig Sport und zu viel Schokolade am Abend abzeichnete, ist dank ausgiebiger Joggingrunden durch den nahe liegenden Park meiner Wohnung und dank meiner Zumba-Gruppe, die ich mindestens zweimal pro Woche treffe, fast schon wieder verschwunden. Wer hätte gedacht, dass ich ausgerechnet in Singapur zur Joggerin werde. Aber morgens nach dem Aufstehen eine Runde zu drehen ist mein kleiner Luxus – das Büro ruft ja erst mittags.

Mein Geist fühlt sich frei, meine Haltung ist aufrecht, und ich fühle mich wie von einer schweren Last befreit. Ich bereue meine Entscheidung kein bisschen – auch, wenn mein Leben hier sehr anders ist. Die deutsche Community hier in Singapur unterstützt mich, und auch wenn ich hier noch keine neuen Freunde gefunden habe, bin ich nicht einsam. Jeder neue Tag ist ein Abenteuer, und ich merke, wie ich daran wachse. Meine Arbeitskollegen sind loyal und sehr nett, unser Mentor lädt uns alle zwei Wochen zu sich ein, und seine Frau kocht dann für alle. Fast wie eine Ersatzfamilie fühlt sich das an, auch wenn wir letztlich »nur« Kollegen sind. Ich fühle mich angenommen und wertgeschätzt, wie ich bin.

Resümee
Jetzt lernst du weiter!

Du hast gelernt, wie und unter welchen Bedingungen du weiter lernen kannst. So verbindest du deine Erfahrungen und Fähigkeiten richtig miteinander, um ihren ganzen Mehrwert zu entfalten. Du entwickelst deine Lernfähigkeit immer weiter, um über dich hinauszuwachsen.

Deine Learnings
- Verstehen, dass man sich immer verbessern kann.
- Lernen zu lernen und Wissen zu vertiefen.
- Komplementäre Fähigkeiten identifizieren.
- Wissen und Erfahrungsschatz teilen und verbreiten.

Deine Take-aways
- Neugierig und weltoffen bleiben, um Stimuli und Erfahrungen aufnehmen zu können.
- Das Spezialgebiet identifizieren und versuchen, Meister darin zu werden.
- Wissen und Erfahrungen teilen.

Wladimir Klitschkos Essence
There is something more important than learning: to learn how to learn.
Es gibt etwas Wichtigeres, als zu lernen: zu lernen, wie man lernt.

ENDURANCE

 Selbstdisziplin

Wie hältst du durch?

Du hast nun Kontrolle über Körper und Geist, hast dein Team zusammengestellt und deine ideale Umgebung geschaffen. Aber du weißt auch, dass dich Talent und Intelligenz allein nicht zum Erfolg führen. Dafür braucht es Ausdauer, Training und Arbeit. Das Geheimnis der Willenskraft ist die Obsession, die Besessenheit. Du wirst jetzt gute Gewohnheiten entwickeln, die auf dich und deinen Biorhythmus zugeschnitten sind – diese Automatismen helfen dir dabei, Zeit und Kraft zu sparen. Du wirst Rückschläge erleben und akzeptieren, lernst von Niederlagen. Du gibst nicht auf und machst immer weiter – bis du am Ziel bist und deine nächste Herausforderung ins Auge fasst. Es ist dein Leben! Liebe und genieße es – in all seinen Facetten.

E1: Develop Discipline (Entwickle Disziplin)	Setze deinen Plan in die Tat um und integriere ihn in deinen Alltag.
E2: Form Habits (Forme Gewohnheiten)	Ersetze alte Gewohnheiten durch neue und zielführende.
E3: Defeat Defeatism (Besiege die Mutlosigkeit)	Stelle realistische Erwartungen an dich und lerne aus Niederlagen.
E4: Keep Living (Bewahre dir die Lebendigkeit)	Integriere deine Challenges so in den Alltag, dass Entspannung und Belohnung erlaubt sind.

ENDURANCE E1

Develop Discipline

(Entwickle Disziplin)

Es ist nicht genug, etwas zu wollen, du musst auch trainieren

Du kommst jetzt ins Tun! Du integrierst deinen Plan in den Alltag, trainierst täglich deine Fähigkeiten. Du spürst die Anstrengung, du kommst an deine Grenzen – und du machst weiter. Nicht Intelligenz oder Talent führen dich zum Ziel, sondern die kontinuierliche Arbeit an deinen Zielen. Das ist der wahre Unterschied zwischen der oft überschätzten Motivation und der viel nachhaltigeren Willenskraft: Motivation haben wir reichlich am Beginn eines Vorhabens – vor allem, wenn alles gut läuft. Doch nur die Willenskraft erlaubt uns, auch dann am Ball zu bleiben, wenn die anfängliche Begeisterung schwindet oder etwas schiefläuft. Das ist unser größter Kampf – die Kunst, uns selbst zu bezwingen, die Wissenschaft der Selbstdisziplin.

Früh übt sich

Mein Vater hatte Vitali und mir die Aufgabe übertragen, seine Schuhe und seinen Gürtel für seine Uniform sauber und gepflegt zu halten. Neben dem Putzen verlangte er, dass wir Meldung machten, wenn dies erledigt war. An einem Abend lagen Vitali und ich im Bett, und es war schon Mitternacht, als mein Vater nach Hause kam. Ich war fünf oder sechs Jahre alt, doch er behandelte mich wie einen Erwachsenen. Er weckte uns, hielt uns seine Schuhe dicht vor das Gesicht und schimpfte mit uns, weil seine Schuhe nicht geputzt waren. Wir standen auf und putzten, doch mussten mehrmals nacharbeiten, da mein Vater mit dem Ergebnis nicht zufrieden war oder weil wir die Erledigung der Aufgabe nicht gemeldet hatten.

Früh habe ich gelernt, dass das Erledigen oder Nichterledigen von Aufgaben Konsequenzen nach sich zieht. Das galt damals und auch heute. Damals war es das erneute Aufstehen mitten in der Nacht, als Boxer musste ich nach zwei schmerzhaften Niederlagen 2003 und 2004 mein komplettes Team umstrukturieren, um meine Aufgaben wieder erfolgreich bestreiten zu können. Kaum jemand hätte mir davor zugetraut, dass ich das so diszipliniert durchziehe und auch ein neues Team fand, das mich dabei stark unterstützte.

Konsequenzen in Kauf nehmen

Wenn du etwas erreichen willst, dann musst du es wirklich wollen. Du musst bereit sein, Opfer zu bringen und konkrete Konsequenzen in Kauf zu nehmen, um dein Ziel zu erreichen. Konsequenzen, die dein ganzes Leben betreffen: dein Tun, deinen Schlaf, deine Ernährung, deine Beziehungen, alles.

Weniger trainieren als Erfolgsfaktor

Mit meinem neuen Trainer und Mentor Emanuel »Manny« Steward an meiner Seite entwickelte ich 2004 neue Gewohnheiten: Ich trainierte weniger und legte stattdessen den Fokus auf die Analyse des Gegners. Mein Programm verlangte daher jetzt eine ganz andere Art von Disziplin von mir – nämlich die, weniger zu trainieren. Für einen Leistungssportler ist das schon sehr ungewöhnlich, da man ja eigentlich sein Pensum kontinuierlich erhöht. Der Grundgedanke: runterkommen und Geist und Körper Zeit geben, sich zu erholen und zum Kampf absolut auf den Punkt fit zu sein.

Disziplin ist immer hart – vor allem, wenn einem das von klein auf abverlangt wird wie bei mir. Doch sie hilft mir, mein Ziel zu erreichen, auch wenn es bis heute nicht immer Spaß macht. Sich zu vergegenwärtigen, wann es Disziplin braucht, ob es ein anderes Motiv gibt, und nicht zu vergessen, sich ab und an zu belohnen, ist mein Geheimnis hinter meiner Disziplin.

Pausen und Belohnungen sind wichtig

Diszipliniert arbeiten ist wichtig – aber du darfst dich dabei nicht völlig verausgaben und überfordern. Eine Ruhepause zu machen ist so wichtig wie das Training selbst. Plane außerdem angemessene Belohnungen ein: nicht wahllos, sondern wenn du einen echten Meilenstein erreicht hast. Das Unterbewusstsein stellt eine Gleichung her zwischen Bemühung und Belohnung. So bringen Körper und Geist im Voraus Anstrengungen mit positiven Gefühlen in Verbindung.

Selbstdisziplin schlägt IQ und Talent

Berühmte Sportler werden bewundert. »Sie haben Talent«, hört man die Menschen sagen. Erfolgreiche Wissenschaftler und Manager werden als kluge Köpfe gerühmt, und gemeinhin wird angenommen, ihre Intelligenz habe sie so weit gebracht. Nur wenige werfen einen Blick darauf, wie hart der Weg der Berühmten und Erfolgreichen war – gepflastert mit Training, mit Übungsstunden, mit Rückschlägen, mit langen Tagen und Wochen anstrengenden Lernens. Denn: Großes Talent oder einen hohen Intelligenzquotienten zu haben sagt nichts darüber aus, wie erfolgreich wir auf die Dauer sein werden. Die Selbstdisziplin ist die Triebkraft, die uns weitermachen und Hürden überwinden lässt.

In einer Studie verglichen die Psychologen Angela L. Duckworth und Martin E. P. Seligman den Einfluss von Intelligenzquotienten und der Fähigkeit zur Selbstdisziplin bei Achtklässlern auf die Schulnoten.[26] Das Ergebnis: Die Fähigkeit, konsequent zu üben und zu arbeiten, war deutlich wichtiger für den schulischen Erfolg der Jugendlichen als ihr IQ.

Selbstdisziplin führt zwar zum Ziel, ist aber anstrengend. Heute sind wir es jedoch gewohnt, jederzeit alles haben zu können – auf Knopfdruck, ohne große Mühe. In einer Welt voller Komfort und sofortiger Bedürfnisbefriedigung hat das Wort Disziplin keinen guten Ruf mehr. Lehrer sollen keine Autoritätspersonen mehr sein, sondern als Partner auf Augenhöhe die Schüler motivieren, spielerisch und ohne Anstrengung zu lernen. Disziplin zu erlernen, das ist nicht mehr en vogue. Und danach? Im Job geht es um flache Hierarchien, die eigene Gestaltung der Arbeitsumgebung, um flexible Arbeitssituationen wie Home-Office und Remote Work. All das erfordert ein hohes Maß an Selbstdisziplin all derjenigen, die in diesen Situationen bestehen, sich weiterentwickeln, etwas lernen oder schlicht in unseren Zeiten effektiv arbeiten wollen.

Die Organisation führender Industrieländer (OECD) forderte deshalb die Rückkehr zu mehr Disziplin in den Schulen.[27] Es habe sich bei PISA-Auswertungen gezeigt, dass auch die Schüler aus bildungsfernen Elternhäusern in disziplinierten Klassen deutlich bessere Erfolge hätten als an Schulen mit einer stärkeren Laissez-faire-Haltung. Kinder aus schwierigen sozialen Ver-

---

26 Angela L. Duckworth, Martin E. P. Seligman: »Self-Discipline Outdoes IQ in Predicting Academic Performance of Adolescents«, in: *Psychological Science* 12/2005, S. 939–944.

27 OECD (Hg.): *PISA im Focus* 4/2011.

hältnissen profitieren also nicht vom spielerischen Lernen ohne Autoritäten in der Schule, im Gegenteil: Sie verlieren vollends den Anschluss, da weder Eltern noch Schule stete Leistung verlangen oder trainieren. Kinder von Akademikereltern wiederum werden daheim zum Üben und Hausaufgabenmachen angehalten, ganz gleich, wie diszipliniert es in der Schule zugeht. Trotz aller schönen Ideen vom Lernen ohne Anstrengung – ohne fleißiges Üben kommt niemand voran.

Bei Erwachsenen ist es nicht anders: Viele Menschen sagen, sie könnten über ihre Erlebnisse »ein ganzes Buch schreiben«, doch nur einige wenige tun es tatsächlich. Und noch viel weniger Menschen setzen sich jeden Tag hin, um das Geschichtenerzählen zu trainieren. Wenn sie dann einen Bestseller landen, rühmt jeder ihr Talent. Das Ergebnis ist allerdings harte Arbeit. Das Talent ist der Einstieg, die Selbstdisziplin liefert Ergebnisse oder fährt Erfolge ein.

Konsequent jeden Tag trainieren!

Große Pläne sterben im Alltag. Wenn es um die Umsetzung des Ziels im Alltag geht, ist schnell die Motivation weg. Dann hilft nur Selbstdisziplin.

Disziplin entwickeln – Schritt für Schritt

1. Ins Tun kommen
Der erste Schritt ist der wichtigste, er verleiht deinem Plan Gestalt und bringt deine Fähigkeiten zum Ausdruck. Er ist Anschubenergie pur.

2. Anstrengung spüren
Nur intensives Training hilft dir, deine Grenzen zu kennen. Es lehrt dich, dranzubleiben und deine Leistungsfähigkeit zu erhöhen.

3. Selbstregulation ausüben
Aktive Selbstgespräche geben dir die Möglichkeit, deine Gedanken und Gefühle und dich selbst besser unter Kontrolle zu bekommen.

4. Belohnungssystem entwickeln
Du musst Körper und Geist angemessen belohnen, um Anstrengungen und Ergebnisse mit Glück zu assoziieren.

Die Personas in Schritt E1

ANGIE

Meinen Trainingsplan bis zum Marathon habe ich nun festgelegt, ich weiche nicht davon ab. Außerdem habe ich mich für einen Halbmarathon angemeldet, das gibt mir ein gutes Zwischenziel, um früh ein Ergebnis zu sehen. Beide Termine – für den Halbmarathon und für den Marathon – hängen gut sichtbar sowohl am Kühlschrank als auch über meinem Schreibtisch. Ich werde daran erinnert, dass ich Ziele habe. Für den maximalen Trainingseffekt mache ich jetzt Intervalltraining, also intensive Tempoeinheiten und Trabpausen. Es sind die anstrengendsten Trainingseinheiten, die ich jemals gemacht habe – aber auch die effektivsten. Noch vor einigen Wochen hätte ich das nicht durchgestanden. Aber ich habe das Ziel deutlich vor Augen – und durch die Anmeldung zum Halbmarathon habe ich mir selbst ein Zwischenziel gesetzt.

Trotzdem frage ich mich oft genug, warum ich mir das antue. Und ich weiß: Ich will fitter sein, mich besser fühlen und stolz darauf sein, was ich und mein Körper alles schaffen. Diese inneren Dialoge helfen mir, mir immer wieder darüber klar zu werden, wie weit ich schon gekommen bin. Es ist anstrengend und fordernd, doch ich erziele immer bessere Ergebnisse. Jetzt bin ich das erste Mal 10 Kilometer unter einer Stunde gelaufen – was für ein Erfolg. Ich habe mich mit einer neuen Pulsuhr belohnt – und die trage ich jetzt stolz. Die nächste Belohnung gibt es, wenn ich die 10 Kilometer in unter 55 Minuten laufe.

MAX

Wir erarbeiten gerade die Homepage unseres Verlags und unsere Broschüre für das erste Halbjahresprogramm. Die Webseite kommuniziert, wie unsere Angebote aussehen. Die zu entwerfen war auch gut, um uns selbst im Team nochmals darüber klar zu werden, wer wir sind und was wir wollen. Jetzt geht es richtig los: Die ersten konkreten Projekte haben bereits ihre finalen Titel und Cover – so, wie sie später auch im Handel erhältlich sind. Das gibt uns Energie, nun jeden Tag daran zu arbeiten, unser Ziel zu erreichen.

Nun kommt der Alltag: Ich arbeite jeden Tag Excel-Tabellen ab. Budget, Zeitpläne, Ressourcen. Wann muss das Manuskript in der Erstfassung hier sein, wann muss das Lektorat beendet sein, damit wir die Timeline für die Veröffentlichung des Buchs halten? Ich plane die Kosten für die Promotion, terminiere Redaktionspläne für das

Social-Media-Marketing. Viele Zahlen, wenig kreatives Arbeiten. Das gehört dazu und sichert unseren Erfolg. Es ist anstrengend, aber trainiert meine Fähigkeiten als Verlagschef. Ich werde immer versierter. Standardaufgaben gehen mir reibungsloser von der Hand, und ich muss mich immer weniger bewusst überwinden.

Natürlich denke ich ab und an, dass ich es vorher in meinem Angestelltenverhältnis leichter hatte. Ich brauchte nicht so viel selbst entscheiden, so viel Verantwortung übernehmen, so viele Risiken tragen. Dann fällt mir wieder ein, warum ich diesen Schritt gegangen bin. Ich fühle mich frei. Den Montagmorgen-Blues gibt es nicht mehr. Ich starte voller Vorfreude in die Woche und bin gespannt, welchen Herausforderungen ich begegnen werde.

Ein Top-Autor ist jetzt Teil meines Teams. Den Vertragsabschluss feiern wir alle gemeinsam mit einem guten Champagner, aber auch mich persönlich belohne ich: Ich gönne meiner Frau und mir einen Abend in einem Spitzenrestaurant. Diesmal wähle ich ein Haus mit Molekularküche, die kenne ich noch nicht so gut. Der nächste Meilenstein, für den ich mich belohnen werde, wird der Start unserer App sein. Wir entwickeln gerade Usability, Design und Content.

TIM

Ich stecke mitten in meinen Semesterprüfungen. Eine Semesterarbeit muss auch noch fertig werden. Die ersten Prüfungen sind aber schon mal gut gelaufen. Ich habe zum ersten Mal ein wirklich sicheres Gefühl. Das pusht mich für die Vorbereitungen der nächsten Prüfungen. Ich gehe hocherhobenen Haupts in die Firma und kann auf die Fragen der Kollegen, wie es denn so laufe, souverän antworten. Ich weiß, ich bin auf dem richtigen Weg. Für die Seminararbeit steht ebenfalls bereits die Struktur. Noch immer ist es nicht jeden Tag leicht, morgens aufzustehen und meinen Plan durchzuziehen – gerade wenn ich keine Lernverabredung habe oder zur Arbeit gehe. Und manchmal habe ich nach wie vor das Gefühl, dass ich nicht für dieses duale Studium gemacht bin, dass es mich überfordert.

Doch Mathematik liegt mir: Ich rechne mich warm und gehe dann meine kniffligeren Tageslernziele an. Den Spaß an Physik, Mathematik und Mechanik habe ich schon wiedergefunden – aber die Chemie und ich werden wohl keine Freunde mehr. Trotzdem möchte ich das bestmögliche Ergebnis in dieser Prüfung für mich rausholen. Das ist anstrengend, aber notwendig, um durch dieses Studium zu kommen. Jeden Tag fällt es mir leichter, die Bücher aufzuschlagen, und ich freue mich über die kleinen Etappensiege über meinen inneren Schweinehund. Ich kläffe in einer Art innerem Dialog einfach zurück.

Ein Kommilitone, mit dem ich früher eher mal ein Bier trinken war, ist ein echtes Chemie-Ass. Mit diesem bin ich regelmäßig verabredet, und wir besprechen die Dinge, bei denen ich gerade nicht weiterkomme. Danach lassen wir den Abend als Belohnung aber doch mit einem Bier ausklingen. Meiner WG habe ich eine Dartscheibe spendiert. Die kommt an solchen Abenden oft zum Einsatz. Wenn ich alle Prüfungen überstanden habe, schmeiße ich eine Party in der WG und freue mich schon jetzt, dann mal wieder alle Leute zu sehen, die mir wichtig sind.

JULIA

Die ersten Kundengespräche haben wir geführt. Das Feedback war durchmischt, mit einer leichten positiven Tendenz. Jetzt heißt es: nur nicht nachlassen. Es gibt einige vielversprechende Kontakte, aus denen mehr werden könnte. Unser großer Trumpf – Qualität aus Deutschland – zieht. Mit lokalen Anlagenbauern sind wir im Austausch, die unser Qualitätsverständnis teilen und kurzfristig in die Umsetzung gehen können, sobald wir den Startschuss geben. Wir vier haben uns vorgenommen, in den ersten zwei Monaten zwei größere und zwei kleinere Vertragsabschlüsse zu schaffen: einen für jeden von uns Mitarbeitern. Die magische Zahl 4 hängt in unserem Büro, und niemand außer uns weiß, was es damit auf sich hat. Das schweißt uns noch enger zusammen und spornt an.

Manchmal überkommt mich etwas Heimweh. Ich vermisse es, meine Freunde und Familie in den Arm zu nehmen – nur per Skype ist einfach nicht dasselbe. Doch wenn ich »meine« Mädels aus der

Zumba-Gruppe sehe oder das Feuer in den Augen meiner Kollegen, wenn ich ins Büro komme, ist das schnell überwunden, und ich fühle, dass ich hierhin gehöre und hier etwas bewegen kann. Es ist noch immer jeden Tag Arbeit an mir selbst, offen auf andere zuzugehen, aber Übung macht den Meister. Bevor ich einen Raum betrete, atme ich einmal tief ein und aus und sage mir: »Niemand dort will dir etwas Böses. Je freundlicher du auf andere zugehst, desto besser ist deine Resonanz.« Erst lächle ich nach innen, dann nach außen, und es klappt. Jedes Lächeln, das meines erwidert, ist meine Belohnung.

Aber auch eine andere Belohnung habe ich mir gegönnt: Ich liebe das Viertel Little India in Singapur und habe mir letztens auf dem Markt einen farbenfrohen Sari gekauft. Jetzt fühle ich mich noch mehr angekommen hier und habe ihn beim letzten Video-Call mit meiner Familie direkt vorgeführt. Wenn ich »meinen« Kunden gewonnen habe, steht die nächste Belohnung an: ein neuer Rechner mit besserer Bildqualität für noch nettere Calls mit der Heimat.

Resümee
Jetzt entwickelst du Disziplin

Du weißt, dass weder dein Talent noch deine Intelligenz entscheidend für deinen nachhaltigen Erfolg sind – es ist deine Fähigkeit, konsequent jeden Tag an deinen Plänen zu arbeiten, damit sie Wirklichkeit werden. Also musst du deinen Plan auch in deinen Alltag integrieren und Ausdauer für die lange Distanz entwickeln. Du trainierst regelmäßig – und ab und an belohnst du dich für deine Ergebnisse, letztlich für deine Disziplin.

Deine Learnings
- Erkennen, dass Ausdauer Talent und Intelligenz immer schlägt.
- Verstehen, dass die Änderung des Willens wichtiger ist als der Wille zur Veränderung.
- Akzeptieren, dass es ohne harte Arbeit nicht geht.
- Verstehen, was es bedeutet, sich selbst herauszufordern, zu respektieren, zu kontrollieren und zu belohnen.

Deine Take-aways
- Das Wollen zum Können werden lassen.
- Mit Freude den ersten Schritt machen und schneller ins Tun kommen.
- Die eigene Leistungsfähigkeit pushen können.
- Ausdauernder werden und feststellen, dass es immer leichter fällt, zielführende Dinge zu tun.

Wladimir Klitschkos Essence
*I can force myself
if I have to.
Ich kann mich zwingen,
wenn ich es muss.*

ENDURANCE E2

Form Habits

(Forme Gewohnheiten)

Nur Gewohnheit führt zum Ziel

Du weißt nun, dass nur Selbstdisziplin und tägliche harte Arbeit dich zum Ziel führen werden, nicht Talent oder Köpfchen. Den berühmten Glückstreffer gibt es nicht. Es ist vielmehr der Treffer, der aus Training resultiert. Erfolg kann man in drei Worten zusammenfassen: Übung, Übung, Übung. Beim Training geht es um die Wiederholung: Du übst immer wieder die gleichen Abläufe und sammelst dabei Erfahrung und Wissen. Genau das kannst du dann anwenden, wenn du es brauchst. Wenn du dir tägliche Routinen angewöhnst, erschaffst du die Infrastruktur für deine Herausforderung.

Tägliche Routine

Ich habe meinen eigenen Tagesablauf entwickelt und strukturiere jeden einzelnen Tag wie eine lange Kette präziser und spezifischer Gewohnheiten. Mein Morgen beginnt beispielsweise immer damit, dass ich mein Bett selbst mache – auch in einem Hotel. Danach gehe ich zum Sport, anschließend frühstücken. Dabei ist es fast egal, wann ich meinen ersten Termin am Tag habe: Ist dieser früh, stehe ich entsprechend früher auf – aber meine Morgenroutine bleibt. Die brauche ich, damit mein

Tag gut wird. Das Programm arbeitet wie eine Musikpartitur, exakt und zeitgesteuert. Dabei setzt der Ablauf einen Mechanismus in Gang, der meine ganz persönliche Leistung fördert. Die Entwicklung guter Gewohnheiten schreitet so Tag für Tag voran.

Diese Routine habe ich natürlich aus meinem Sportalltag übernommen. Ich brauche eine tägliche Dosis Sport für meine gute Laune. Neuerdings kombiniere ich diese Sporteinheit mit einer neuen Gewohnheit: In Trainingspausen arbeite ich, telefoniere, schreibe E-Mails. So schaffe ich mein Arbeitspensum, egal ob ein Training mal eine oder drei Stunden dauert.

Strukturiere jeden einzelnen Tag

Es ist nicht nur wichtig, große Pläne für das ganze nächste Jahr zu machen, sondern auch jeden Monat, jede Woche, jeden Tag zeitlich zu strukturieren. Entwickle deinen eigenen Tagesablauf, der individuell auf dich und deinen Biorhythmus angepasst ist. Je mehr Alltagsroutinen und Automatismen du etablierst, desto mehr Ressourcen bleiben dir für die wirklich wichtigen Dinge. Wenn du eine gute neue Gewohnheit in deine Alltagsroutine übernimmst, denke nach, welche schlechte oder nicht ganz so hilfreiche Angewohnheit du dafür ersetzen möchtest.

Tausendmal geübt

Mein Training basierte auf einem simplen Prinzip: dem der Wiederholung. Jede Bewegung, jede Sequenz habe ich Tausende Male geübt. Ich habe so trainiert, dass diese Abläufe zu meiner zweiten Natur wurden. Ziel war es, echte Automatismen zu entwickeln, die ich während eines Fights mobilisierte: Dutzende Schlagkombinationen, die ich im Kampf unbewusst abrufen konnte. In der richtigen Zehntelsekunde war ich voll aufmerksam und einsatzbereit. Das Training machte sicherlich nicht immer Spaß, aber ich entwickelte Gewohnheiten, die zum Ziel führten.

Gewohnheiten haben mir nicht nur im Sport geholfen. Sie machen mich richtig glücklich und meinen Alltag leichter, effizienter. Interessant finde ich, dass ganz viele Menschen, mit denen ich rede, Gewohnheit furchtbar finden. Warum, das habe ich noch nicht herausgefunden. Vielleicht, weil sie bei Gewohnheiten nur an schlechte denken und es ihnen nicht gelingt, diese abzulegen?

Erfolg braucht Zeit

Es gibt nur einen geheimen Weg zum Erfolg, und der lautet Übung. Im Camp-Modus brauchst du Disziplin und Durchhaltevermögen, dort entwickelst du Automatismen, die du, ohne nachzudenken, einsetzen kannst. Das Ziel ist, im Kampf alles abrufen zu können, was es braucht, um als Sieger den Ring zu verlassen. Es gibt keine Abkürzung: Erfolg ist ein Marathon, kein Sprint.

Die Kunst des richtigen Timings

Wir treffen zwanzigtausend Entscheidungen pro Tag: roter oder blauer Pulli, Müsli oder Sandwich zum Frühstück, Treppe oder Aufzug, hinten oder vorne sitzen im Bus? Das ist anstrengend und raubt uns jedes Mal ein wenig Energie. Wer klare Gewohnheiten entwickelt hat, tut viele Dinge automatisch und ohne den Zeit- und Energieverlust, sich jedes Mal wieder neu entscheiden zu müssen. Manche Entscheidungen müssen wir jeden Tag neu treffen, andere lassen sich durch Routinen ersetzen. Die Folge: Es bleibt ausreichend Kraft für die wirklich wichtigen Entscheidungen.

Der ehemalige US-Präsident Barack Obama zum Beispiel

hatte während seiner Amtszeit eine Outfit-Routine entwickelt: Er trug nur graue oder blaue Anzüge. Sein Mitternachtssnack bestand immer aus genau sieben leicht gesalzenen Mandeln. Er begründete dies in Interviews damit, dass er täglich sehr viele Entscheidungen zu treffen habe, da wolle er nicht auch noch überlegen müssen, was er anzieht oder isst.

Ein strukturierter Tagesablauf mit klaren Gewohnheiten hilft jedoch nur dann, wenn auch das Timing stimmt. In seinem Buch *When. Der richtige Zeitpunkt*[28] weist Autor Daniel H. Pink auf die Relevanz unseres individuellen Biorhythmus hin. Unsere Chronotypen unterscheiden sich in Lerchen und Eulen: Die Lerchen gehen früh zu Bett und stehen früh auf, sie sind in der Regel vormittags am produktivsten. Die Eulen wiederum gehen spät schlafen und stehen gerne spät auf, besonders effektiv arbeiten sie abends oder nachts. Es sind rund 40 Prozent von uns entweder echte Lerchen oder Eulen, alle anderen sind Mischtypen.[29]

Wir wechseln zudem in verschiedenen Lebensphasen zwischen den Chronotypen hin und her. Kinder sind oft Lerchen, Jugendliche verwandeln sich in der Pubertät zu Eulen. Ein Schulbeginn um 8 Uhr morgens sei somit laut Pink für den Lernerfolg von Jugendlichen ungünstig – da befinden sich die Eulen-Teenager noch im Halbschlaf. Der frühe Schulstart führe sogar zu höheren Abbruchraten, zunehmenden Problemen wie Depressionen und Übergewicht und mehr Unfällen auf dem Weg zur Schule, so Pink.

Die meisten Menschen sind am Vormittag am leistungsfähigsten, haben ein Nachmittagstief und kommen abends noch einmal auf Touren. Das große Nachmittagsmeeting, in dem wichtige Entscheidungen getroffen werden, ist somit ungünstig terminiert: Da sei laut Pink die Fehlerquote am höchsten.

Auch der richtige Zeitpunkt für Verhaltensänderungen sei

---

28 Daniel H. Pink: *When. Der richtige Zeitpunkt.* Wels: Ecowin, 2018.

29 Ana Adan u. a.: »Circadian Typology. A Comprehensive Review«, in: *Chronobiology International* 9/2012, S. 1153–1175.

wichtig. Wer mit dem Rauchen aufhören möchte, startet besser am ersten Tag der Woche oder des Monats, was psychologisch den Neubeginn unterstützt.

Das richtige Timing ist für Teams ebenfalls erheblich. Wie Studien zeigen,[30] beginnen Arbeitsgruppen immer in der Mitte eines Projektzeitraums damit, wirklich zu arbeiten. Ob das Projekt nun auf zwei Monate, zwei Tage oder zwei Stunden angelegt ist – immer genau dann, wenn die Hälfte der Zeit vergangen ist, erlangen alle die Erkenntnis: »Huch, jetzt sollten wir aber wirklich langsam etwas tun …« Deshalb sei es wichtig, für alle Vorhaben einen klaren Zeitraum zu vereinbaren, sonst setze dieser Effekt nicht ein.

Das Timing muss stimmen!
Klare Gewohnheiten zur richtigen Zeit festigen den Erfolg.

30 Connie J. G. Gersick: »Time and transition in work teams. Toward a new model of group development«, in: *Academy of Management Journal* 1/1988, S. 9 – 41.

Gewohnheiten formen – Schritt für Schritt

1. Liste schlechte Gewohnheiten auf
Veränderung ist gar nicht einfach und bedeutet auch Verzicht – allen voran der Verzicht auf schlechte Gewohnheiten.

2. Definiere gute Gewohnheiten
Ersetze schlechte Gewohnheiten durch gute, also durch die, die zielführend sind.

3. Kenne deinen Biorhythmus
Definiere, ob du ein Morgen- oder Abendmensch bist, damit du deinen Tagesablauf besser strukturieren kannst.

4. Lege Rituale fest
Definiere für jede Gewohnheit ein schönes Anfangsritual oder einen Auslösereiz – kurz vor der Aktion oder sogar schon einen Tag davor.

Die Personas in Schritt E2

ANGIE

Ich rauche jeden Tag fünf Zigaretten. Das ist nicht viel, aber ich weiß natürlich, dass es trotzdem schlecht für die Gesundheit ist. Die Zigaretten setze ich als Belohnung ein oder auch zur Beruhigung, wenn ich mich über etwas sehr aufgeregt habe. Da kommen auch meine Schokolade gegen Stress und mein Feierabendrotwein zum Abschalten ins Spiel – und sie helfen auch nur scheinbar.

Statt eine Zigarette zu rauchen, gehe ich am Nachmittag lieber einmal um den Block. Das hilft mir bei Stress wesentlich besser. Die Zigaretten waren auch nur ein Vorwand, um das Büro mal kurz zu verlassen und eine kleine Auszeit zu haben. Doch um zwischendurch einmal vor die Tür zu gehen, brauche ich nicht die Zigarette. Statt Schokolade mache ich mir lieber eine große Kanne Ingwertee. Den Geschmack liebe ich tatsächlich sehr, und er stärkt dazu noch mein Immunsystem. Der regelmäßige Feierabendrotwein ist passé: Stattdessen lege ich mir Meditationsmusik auf. Danach bin ich klar, ausgeruht und kann entspannt meinen Abend genießen.

Als typischer Mischtyp – halb Lerche, halb Eule – arbeite ich vormittags konzentriert meine Aufgaben ab, treffe die wichtigen Entscheidungen. Trotzdem finden natürlich auch häufig Meetings am Nachmittag statt, worauf ich wenig Einfluss habe. Ich blocke mir jeden Nachmittag – gern direkt vor diesen Meetings – eine Viertelstunde für einen kurzen Spaziergang gemeinsam mit einer befreundeten Kollegin. Der Termin ist in unserem digitalen Kalender vermerkt und genauso wichtig wie ein Meeting oder eine Besprechung. Unser Termin im Kalender heißt »Kleine Auszeit«, und ich freue mich jedes Mal, wenn mein PC mich daran erinnert. Der tolle Nebeneffekt: Nach dem Spaziergang kann ich mich wieder voll konzentrieren.

Ich laufe meist abends, da habe ich ein kleines Hoch, und die Verletzungsgefahr ist für mich am geringsten. Der regelmäßige Trainingsplan geht mir so in Fleisch und Blut über, dass Laufen jetzt zu meinem Tag gehört wie Zähneputzen.

MAX

Wenn ich morgens die Augen aufschlage, nehme ich zuerst das Smartphone in die Hand, Social Media und E-Mails checken. Danach fühle ich mich oft richtig gestresst: zu viele Informationen noch vor dem Frühstück. Ich bin schon morgens um 7 Uhr unter Druck, ohne etwas Sinnvolles erledigt oder abgearbeitet zu haben. Dazu kommt mein Kaffeekonsum: Ich genieße meinen Kaffee gar nicht mehr, sondern trinke Tasse über Tasse völlig gedankenlos. Von meinen

Wanderungen abgesehen, fehlt mir auch Bewegung. Oft sitze ich stundenlang am Schreibtisch, ohne einmal aufzustehen.

Ich ändere meine Morgenroutine: Wenn ich morgens wach werde, setze ich mich zuerst auf die Terrasse und plane den Tag. Was ist heute wichtig, was ist langfristig wichtig? Die Tagesziele schreibe ich auf – per Hand in ein Notizheft. Noch bleibt das Handy aus – Mails und Nachrichten lese ich erst im Büro. Meine sozialen Kanäle checke ich am Abend nach dem Essen. Meinen Kaffee genieße ich jetzt ganz bewusst – schmecke das Aroma, mache dabei richtig Pause. Um täglich in die Bewegung zu kommen, steige ich auf den Weg ins Büro drei Stationen vorher aus der Straßenbahn und gehe den Rest der Strecke zu Fuß, verzichte auf den Aufzug und nehme die Treppe.

Ich bin ein klarer Morgenmensch – da bin ich konzentriert und fit. Deshalb bin ich vormittags auch am produktivsten. Wichtige Themen, an denen ich fokussiert arbeiten muss, lege ich mir ganz bewusst auf den Vormittag. Am Nachmittag arbeite ich eher Mails ab, vereinbare Termine oder erledige Routineaufgaben, für die ich weniger Konzentration brauche. Abends lege ich mir mein Heft zurecht, in das ich morgens die Tagesziele schreibe. Um das Ritual aufzuwerten, habe ich mich für ein schönes Notizheft und einen edlen Stift entschieden. Das Smartphone packe ich vor dem Schlafengehen in die Aktentasche, damit es morgens gar nicht erst in mein Blickfeld gerät.

TIM

Ich gehe meist zu spät schlafen und werde am Morgen von meinem Wecker sehr unsanft aus dem Schlaf geklingelt. Bis zuletzt checke ich noch meine WhatsApps, um nichts zu verpassen. Ich fühle mich morgens regelmäßig wie erschlagen und so, als ob ich eben erst zu Bett gegangen wäre. Hinzu kommt, dass ich abends vor dem Schlafengehen oft noch eine Cola oder eine Spezi trinke, und manchmal gesellt sich dazu eine Tüte Chips. Ein Abend, ohne noch kurz den Fernsehapparat angemacht zu haben, existiert bei mir praktisch nicht. Selbst wenn ich mit der Band geprobt habe oder ausgegangen bin, schalte ich für ein paar Minuten den Fernseher an – und meist bleibe ich an irgendetwas »hängen«.

Dieser Teufelskreis wird jetzt durchbrochen: Ich werde während der Woche jeden Abend spätestens um 22.30 Uhr im Bett liegen – auch wenn ich dann noch nicht gleich schlafe. Ich habe mir ein Hörbuch-Abo genehmigt und kann mich jetzt mit geschlossenen Augen in den Schlaf lesen lassen. Der Fernseher bleibt mindestens 30 Minuten vor dem Schlafengehen aus, ebenso wie Cola-Flasche und Chipstüte zu. Wenn ich abends noch Lust auf etwas Süßes habe, esse ich eine Banane oder mache mir einen Bananenshake. Das versorgt mich mit Nähr- und Mineralstoffen wie Magnesium, Kalium, Vitaminen und Aminosäuren, die meinen Schlaf verbessern. Morgens starte ich dafür mit einer fast kalten Dusche und mache zuvor 10 Minuten lang Push-ups und Sit-ups: Das macht wach und bringt den Kreislauf in Schwung.

Auch wenn ich immer eine Eule bleiben werde und erst am Nachmittag so richtig auf Touren komme, gelingt es mir mit dieser Disziplin, in Morgenmeetings in der Arbeit oder zur ersten Vorlesungsstunde schon topkonzentriert zu sein und alles aufzunehmen. Trotzdem kann ich mein natürliches Nachmittagshoch dafür nutzen, mich an die kniffligeren Aufgaben zu setzen – die Routinedinge sind bis dahin schon erledigt.

JULIA

Ich bin nach Singapur gekommen, um mich persönlich weiterzuentwickeln. Eine wirkliche Gehaltsentwicklung gab es nicht. Singapur ist teurer als meine kleine Heimatstadt, allein die Miete für die kleine Wohnung ist fast doppelt so hoch. Deshalb habe ich mir vorgenommen, regelmäßig zu kochen und nicht so viel auswärts essen zu gehen. Trotzdem tue ich das noch zu oft. Das ist gut für meine Sozialkontakte, nicht gut für meine Finanzen. Zumal ich das Geld oft doppelt ausgebe: Erst kaufe ich ein, dann gehe ich doch in der Pause oder zum Feierabend mit den Kollegen los und muss das frische Gemüse irgendwann wegwerfen. Dabei hasse ich es, Lebensmittel zu verschwenden. Und noch eines wurde zu einer schlechten Angewohnheit: Ich trinke viel mehr Alkohol als früher, da ich viel mehr in Gesellschaft bin. Manchmal kann ich mich dann nur noch schwach erinnern, wie ich nach Hause gekommen bin. Dieses neue Leben führt auch dazu, dass mir einige Kleidungsstücke ein bisschen eng geworden sind und ich mich nach durchzechten Abenden häufig nicht zum Zumba aufraffen kann.

Ich setze mir ein klares Wochenbudget für Ausgehen und Essen außer Haus. Weil ich die Gesellschaft anderer inzwischen sehr zu schätzen weiß, lade ich jetzt alle zwei Wochen zu einem deutschen Abend zu mir nach Hause ein und koche – so gut es mit den exotischen Zutaten geht – Gerichte aus unserer Heimat. Gerade der Kollege aus Singapur findet das großartig. Ich gebe so weniger Geld aus, verarbeite, was ich kaufe, und werde zur Gastgeberin. Das ist eine neue Rolle für mich. Weil ich für den Abend verantwortlich bin, trinke ich weniger, und wenn ich mehr zu Hause bleibe, erübrigt sich das mit dem Trinken auch – und ich habe vormittags wieder Energie für meine Zumba-Gruppe.

Ich bin eine Lerche und habe eigentlich morgens viel Energie. Zumba und Sport sollten da doch möglich sein, und wenn ich mich wieder ausgewogener und gesünder ernähre, weniger trinke, bin ich auch locker bis zum Bürostart mittags und dann bis Feierabend fit für alles, was da kommen mag. Konzentrieren fällt mir jedenfalls auch am Nachmittag nicht schwer. Ich habe auch zu Hause schon häufig Überstunden gemacht und festgestellt, dass ich mich wirklich lange konzentrieren kann, wenn es notwendig ist.

Resümee
Jetzt formst du deine Gewohnheiten!

Deine Herausforderung muss zur alltäglichen Aufgabe werden, sonst bleibt sie nur ein Wunsch, nur eine Idee. Entwickle jetzt zielführende Gewohnheiten, die dich formen und die dein Denken mit deinem Handeln verbinden. Du kennst deine innere Uhr und strukturierst deinen Tagesablauf entsprechend.

Deine Learnings
- Wichtiges zur Gewohnheit machen, in den Alltag integrieren.
- Verstehen, dass nur eine neue Gewohnheit eine andere ersetzen kann.
- Definieren, wann man was am besten erledigen kann.
- Rituale und Routinen entwickeln, welche die Verankerung der Gewohnheiten ermöglichen.

Deine Take-aways
- Täglich an der Herausforderung arbeiten, die konkrete Formen annimmt.
- Wissen, wie die innere Uhr tickt und wie sich das Energieniveau während des Tages verändert, und den Tag entsprechend planen.
- Immer leichter dem Ziel entgegenwachsen, je alltäglicher die Tätigkeiten sind.

Wladimir Klitschkos Essence
There is no such thing as lucky punch.
The more I train, the luckier I get.
Einen Lucky Punch gibt es nicht. Je mehr ich trainiere, desto wahrscheinlicher wird er.

ENDURANCE E3

Defeat Defeatism

(Besiege die Mutlosigkeit)

Verlieren darfst du, aber niemals aufgeben

Du darfst einen Kampf verlieren, aber niemals den Glauben an das große Ganze. Lass dir Siege nicht zu Kopf steigen und nimm dir Niederlagen nicht allzu sehr zu Herzen. Auf dem Weg zum Ziel wirst du auf Schwarzseher treffen: andere Menschen, die an deiner Fähigkeit zweifeln. Oder du selbst zweifelst, weil die Dinge nicht immer so laufen wie geplant. Solche Phasen sind Teil deiner Herausforderung. Verliere gerade dann nicht den Glauben an dich und die eigenen Fähigkeiten. Bleibe dir selbst treu, gib alles, folge deinem Ziel, bekämpfe den Defätismus. Daran wirst du wachsen.

Ich war auf mich allein gestellt

Nach der Niederlage gegen Corrie Sanders am 8. März 2003 in Hannover und dem verlorenen Kampf gegen Lamon Brewster in Las Vegas im Jahr danach war meine Situation weit entfernt davon, mir Mut zu machen. Die Fernsehsender kündigten ihre Verträge, und fast alle Menschen in meiner Umgebung rieten mir dazu, mit dem Boxen aufzuhören – sogar mein Bruder Vitali. Ich war auf mich allein gestellt. Doch je mehr Leute mir von weiteren Kämpfen abrieten, desto stärker wuchs mein eigener Glaube an meine Fähigkeiten. Die Schwarzseher gaben mir zusätzlichen Antrieb. Nicht nur sie galt es zu neutralisieren, zu entpersonalisieren, sondern auch den Druck von außen. Ich machte mir bewusst: Ich mache das nicht für andere, sondern für mich.

Misserfolge sind für mich die besseren Lehrer. Sie machen mich stärker. Manchmal braucht es einfach nur ein bisschen Geduld, um zu verstehen, warum eine Niederlage wichtig und gut war und was sie einen gelehrt hat.

Der Moment der Wahrheit

Im Angesicht deiner Herausforderung wird unweigerlich der Punkt kommen, an dem es kein Zurück gibt. Das ist der Moment der Wahrheit, der Scheideweg: Entweder du gibst alles auf – oder du gibst alles. Denke nur an den Sieg. Du darfst einen Kampf verlieren, aber niemals den Glauben an dich selbst. Schwarzseher können dir und deinem Vorhaben den letzten Schliff verpassen, aber sie sollten dich nie von deinem Weg abbringen – auch nicht deine inneren Schwarzseher.

Der Weg des Champions

Es war der 29. April 2017. Nach einer Pause von siebzehn Monaten war mir völlig klar: Der Kampf gegen Anthony Joshua wird meinen weiteren Weg entscheiden. Ich verlor in der elften Runde durch technischen K. o. (TKO). Das atemberaubende Duell begeisterte Millionen Zuschauer vor den Fernsehschirmen und in der Halle – es war einer der großartigsten Schwergewichtskämpfe unserer Generation, waren sich selbst die Kritiker einig. Tief in mir spürte ich, dass ich zwar diesen Kampf verloren hatte, aber mein Leben nach meiner aktiven Boxkarriere weitergehen würde. Denn ich hatte mich auf diesen Moment gut vorbereitet.

Es war Zeit für diesen Schritt, von dem ich immer wusste, dass er eines Tages kommen würde.

Nach dieser Niederlage bekam ich so viel Zuspruch, dass ich lernte: Man kann beim Verlieren gewinnen! Durch diese Niederlage habe ich viel gewonnen: an Aufmerksamkeit, an Respekt, an innerer Stärke und letztlich auch an Gelassenheit. Das ist fast die schönste Lektion zum Abschied meiner sportlichen Karriere.

Das Ganze zählt, nicht die einzelne Niederlage

Lass dir deine Siege nicht zu Kopf steigen – und lass nicht zu, dass dir Niederlagen das Herz brechen. Niederlagen passieren, aber einzelne Kämpfe definieren nicht dein gesamtes Schicksal. Es zählt immer nur deine Karriere, dein Weg als Ganzes, vergiss das nicht.

Mit Resilienz und ohne Perfektionismus

Niederlagen, Schicksalsschläge, steter Stress: Während die einen daran zerbrechen, scheinen andere einen natürlichen Schutzschild zu besitzen, der ihnen hilft, schwere Zeiten zu meistern. Resilienz wird die Fähigkeit genannt, Krisen zu bewältigen, nicht daran zu zerbrechen, sondern sie durch Rückgriff auf persönliche oder sozial vermittelte Ressourcen zur eigenen Entwicklung zu nutzen. Diese Fähigkeit lässt sich trainieren, davon ist auch der Neurowissenschaftler Raffael Kalisch überzeugt.[31]

Es sei nicht derjenige resilient, der gefühllos und stoisch Schicksalsschläge über sich ergehen lässt, sondern derjenige, dem es gelingt, sogar in den schlimmsten Situationen noch etwas Positives zu sehen. Es sind Menschen, die an ihre eigene

---

31 Raffael Kalisch: *Der resiliente Mensch. Wie wir Krisen erleben und bewältigen.* Berlin: Berlin-Verlag, 2017.

Handlungsfähigkeit glauben und daran, dass sie auch in stressigen oder belastenden Situationen selbst die Zügel in der Hand halten und selbst etwas bewirken können, um sich daraus zu befreien. Es geht bei Resilienz also nicht darum, wie schlimm eine Situation objektiv ist, sondern darum, wie man sie für sich bewertet. Wer umlernt und seinen Bewertungsstil ändert, komme besser mit Belastungen zurecht, so Kalisch.

Doch neben Schicksalsschlägen und Stress von außen gibt es auch die hausgemachte Niederlage: Perfektionistische Menschen haben so hohe Ansprüche an sich selbst und ihre Arbeitsergebnisse, dass sie es sich allzu schwer machen, zufrieden mit sich zu sein. Gleichzeitig gaukeln uns die sozialen Medien vor, dass Perfektion in jeglicher Hinsicht existiere: Influencer als Selbstdarsteller mit makelloser Haut, bewundernswerten Karrieren, perfekten Leben. Und tatsächlich weisen Studien nach,[32] dass junge Erwachsene heute perfektionistischer sind als ihre Altersgenossen in den 1980er-Jahren. Seit damals setzten sich kompetitive und individualistische Werte immer mehr durch – und uns in höherem Maße unter Druck. Dabei legt die Forschung nahe,[33] dass Perfektionismus weder zu besseren Ergebnissen führt noch erfolgreicher macht. Die Verbissenheit, Fehler um jeden Preis zu vermeiden und nach Exzellenz zu streben, führt schneller zu Burn-out und Stress, was dem Output im Endeffekt sogar schadet statt nützt.

Niederlagen nutzen!
Vermeide Perfektionismus, und wachse durch Rückschläge.

32 Thomas Curran, Andrew Hill: »Perfectionism is increasing over time: A meta-analysis of birth cohort differences from 1989 to 2016«, in: *Psychological Bulletin* 4/2019, S. 410–429.

33 Dana Harari u.a.: »Is perfect good? A meta-analysis of perfectionism in the workplace«, in: *Journal of Applied Psychology* 10/2018, S. 1121–1144.

Mutlosigkeit besiegen – Schritt für Schritt

1. Rückschläge akzeptieren
Niederlagen und Rückschläge sind unvermeidlich auf dem Weg zum Erfolg. Du kannst nicht gewinnen, wenn du nicht verlieren kannst.

2. Nicht zu hart zu sich selbst sein
Eine Niederlage sagt nicht das letzte Wort über dich, es ist nur eine Momentaufnahme. Sei nicht zu streng mit dir.

3. Von Niederlagen lernen
Jeder Rückschlag ist dennoch ein Teilerfolg, wenn du daraus lernst und dementsprechend etwas änderst und verbesserst.

4. Perfektionismus meiden
Eine echte Herausforderung erfordert von dir langen Atem und verlangt Selbstachtung, aber keine aufgeblasene Bestätigungssucht.

Die Personas in Schritt E3

ANGIE

Ich habe es nicht geschafft! Der Halbmarathon war mein ersehntes Zwischenziel, doch ich musste nach 15 Kilometern aufgeben. Ich konnte einfach nicht mehr. Mein Puls war viel zu hoch und ging auch nach einer ganzen Weile im lockeren Trab nicht mehr runter. Dann hat noch mein linker Knöchel so sehr geschmerzt, dass ich kaum noch auftreten konnte. Ich fasse es nicht: All das Training, und ich erreiche mein wichtiges Zwischenziel nicht! Was passiert jetzt mit dem Marathon ...?

Ja, ich musste aufgeben. Und ich habe trotz allem Training mein Zwischenziel nicht erreicht. Aber ich habe noch ausreichend Zeit bis zum Marathon, den gescheiterten Lauf im Kopf durchzugehen und es dann besser zu machen. Es fühlt sich nicht schön an, ist aber auch kein Weltuntergang. Meine Kinder und mein Lebensgefährte haben mich getröstet. Jetzt geht es mir schon wieder etwas besser. Ich weiß jetzt, was ich falsch gemacht habe: Ich habe mich von der Wettkampfsituation und den schnelleren Läufern mitreißen lassen und bin viel zu schnell losgerannt. Aus meinem Training weiß ich eigentlich genau, dass ich mich zunächst langsam einlaufen muss, anschließend immer schneller werden kann – und nicht umgekehrt. Ich habe zu wenig auf mich und meinen Körper gehört, habe mich zu viel nach außen orientiert. Beim nächsten Mal weiß ich es besser, bleibe mehr bei mir und starte langsam.

An dem Lauf haben auch einige Mitglieder meiner Laufgruppe teil-genommen. Denen wollte ich wohl unbewusst zeigen, was ich schon draufhabe. Anstatt auf mich zu achten, wollte ich mit den anderen auf Teufel komm raus gleichziehen und ihnen auf eine mir im Nach-hinein unerklärlichen Art und Weise imponieren.

MAX

Einer meiner wichtigsten Autoren hat gerade abgesagt: Er glaubt nicht an meine Social-Media-Strategie, hat er mir mitgeteilt. Des-halb wird er den Vertrag, den wir schon ausgehandelt hatten, nicht unterschreiben. Stattdessen geht er zur Konkurrenz, die eher tradi-tionell unterwegs ist. Ich hatte solche großen Hoffnungen auf diese Kooperation gesetzt. Sehr schade, dass der Autor nicht mit uns arbeiten möchte. Doch ich muss seine Entscheidung akzeptieren. Wir überlegen gemeinsam, woran es lag, dass wir ihn nicht überzeu-gen konnten, analysieren den Ablauf der Kommunikation mit dem

Autor, die Unterlagen, die wir ihm zur Verfügung gestellt haben, und wissen dann sicher schnell mehr, machen die Fehler künftig nicht mehr.

Wir haben verstanden, wo der Fehler lag: Wir hatten unsere Social-Media-Strategie im Team so stark verinnerlicht, dass uns vollkommen klar war, wie und warum wir damit erfolgreich sein würden. Jedoch konnten wir diese Strategie nicht so klar nach außen kommunizieren. Wir entwerfen jetzt eine kleine Präsentation mit den Eckpunkten und Erfolgsfaktoren unseres Social-Media-Marketings. Beim nächsten Autorengespräch werden wir überzeugen.

Mit dem Autor hätten wir von Anfang an einen großen Namen im Programm gehabt. Aber auch ohne ihn haben wir gute Inhalte – und wir stehen erst am Anfang. Sicherlich machen wir in der ersten Phase auch Fehler, aber wir lernen daraus und werden immer besser.

TIM

Es ist aus: Meine Freundin hat sich von mir getrennt. Obwohl ich immer den Eindruck hatte, dass sie voll mit mir mitzieht und meinen Rhythmus genauso mag wie ich. Jetzt eröffnet sie mir, dass sie sich nicht wahrgenommen fühlt und ich mich zu sehr ins Zentrum stelle. Mit ihr verliere ich eine ganz wichtige moralische Stütze, meine Bandpartnerin und letztlich ein Stück weit die Lust am Zuhausesein. Mir bleibt jedoch keine Wahl.

Ich überlege, was ich hätte besser machen können und sollen, und erkenne nach einigen Tagen, in denen ich nicht gut auf sie zu sprechen war und nach einigen Gesprächen mit meinen Mitbewohnern, dass tatsächlich nur ich und mein Leben im Vordergrund standen. Kein Wunder, dass sie das nicht lange mitgemacht hat. Ich werde mich bei ihr entschuldigen und ihr sagen, dass ich meine Fehler einsehe. Vielleicht haben wir dann noch eine zweite Chance. Und ich hoffe wirklich, dass sie uns diese gibt. Ich bin nicht perfekt und werde das vermutlich auch nie sein. Durch meine neue Tagesstruktur bin ich selbstbewusster geworden, vielleicht hat sie auch das etwas abgeschreckt, aber ich möchte für uns wirklich an Dingen arbeiten und für uns auch verändern. Ich hoffe, sie sieht das auch so und gibt uns diese Chance.

JULIA

Ziel verfehlt: Zwei Monate in Singapur sind um, und wir haben unsere magische Vier nicht geschafft. Gerade einmal die Hälfte dieses Ziels ist uns gelungen: Ein großes und ein kleines Projekt konnten wir an Land ziehen – und ich habe keines beigesteuert. Das frustriert mich. Ich bin es nicht gewohnt, dass etwas nicht klappt, vor allem dann, wenn ich meine ganze Aufmerksamkeit hineinlege.

Unser Scheitern ist aber auch eine Gelegenheit, Zwischenbilanz zu ziehen. Was läuft gut und was nicht. Warum haben wir das Ziel verfehlt? War es zu ambitioniert? Waren wir nicht gut genug auf die Termine vorbereitet? Wir kommen zu dem Schluss, dass wir wohl wirklich zu viel wollten – vor allem jetzt am Anfang, als uns noch niemand kannte. Anlagenbau bedeutet auch immer Vertrauen haben. Und dieses Vertrauen muss sich langsam entwickeln. Vielleicht waren wir in unseren Erstgesprächen ein bisschen zu forsch und zu stark auf den schnellen Erfolg aus. Und: Wahrscheinlich haben wir uns zudem gegenseitig noch unter Druck gesetzt: Jeder wollte den Auftrag. Dabei haben wir das große Ganze aus den Augen verloren.

Aber noch ist nicht aller Tage Abend: Wir erarbeiten eine Broschüre, die wir nach unseren Erstgesprächen hinterlassen und die dem potenziellen Kunden genau die Verbindung zwischen unserem jungen und dynamischen Team am Standort Singapur und unserer tiefen Verwurzelung zu »Made in Germany« erklärt. Wir werden uns wieder auf das Gemeinsame besinnen, Termine auch mal zusammen wahrnehmen. Schließlich kommt es nicht darauf an, wer von uns wie viele Aufträge holt, sondern wie viele wir am Ende des Jahres gemeinsam geschafft haben. Wir begraben den Egoismus.

Resümee
Jetzt besiegst du die Mutlosigkeit

Durchzuhalten ist wichtig. Und zwar nicht nur dann, wenn alles relativ gut läuft, sondern vor allem in schwierigen Situationen. Du akzeptierst Rückschläge und nutzt Niederlagen, um zu wachsen, zu lernen und deinen Weg anzupassen. Du vermeidest allzu großen Perfektionismus, trainierst deine Resilienz und bist so jederzeit handlungsfähig.

Deine Learnings
- Siege nicht zu Kopf steigen lassen und Niederlagen nicht zu Herzen nehmen.
- Selbstbild und eigene Wertschätzung von Niederlagen trennen.
- Niederlagen als unausweichlichen Schritt auf dem Weg zum Erfolg verstehen.
- Sich vom Perfektionismus distanzieren.

Deine Take-aways
- Niederlagen als größten Beschleuniger für Wachstum betrachten.
- Verstehen, dass jeder Rückschlag näher ans Ziel führt.
- Nicht perfekt sein wollen, sondern immer besser werden.
- Das Selbstwertgefühl nicht von punktuellen und vorübergehenden (Zwischen-)Ergebnissen abhängig machen.

Wladimir Klitschkos Essence
Be obsessed!
Sei leidenschaftlich und besessen!

ENDURANCE E4

Keep Living

(Bewahre dir die Lebendigkeit)

Manchmal denke ich, manchmal bin ich

Du hast gelernt, dich zu fokussieren, du weißt, wie du in die Umsetzung kommst. Du hast dein Team gefunden und deine Ausdauer trainiert. Du bist auf dem besten Weg, deine Ziele zu erreichen. Aber bedenke: Es ist dein Leben, um das es hier geht. Deine Herausforderung ist nicht nur ein bloßes Ziel, das es zu erreichen gilt – sondern lässt dich empfänglicher werden für die wahre Größe des Lebens. Durch die F. A. C. E.-Methode hast du einen Weg erarbeitet, der deinem Leben eine Struktur gibt. Auch wenn du entspannst und nicht an deiner Herausforderung arbeitest, bleibst du empfänglich für Neues und lernst immer weiter.

Antagonismen sorgen für das Gleichgewicht

Das Prinzip der Balance war immer das Herzstück meiner Philosophie. Die Balance zwischen Anspannung und Entspannung, Arbeit und Erholung, Körper und Geist. Ich wurde Meister der Willenskraft und wusste stets, wie viel Power sie hat. Sie ist eine Lebensenergie, aber kein Selbstzweck. Die Willenskraft ist immer an meiner Seite – gerade in schwierigen Situationen, wenn sich die Motivation längst verabschiedet hätte. Ich weiß, wie ich sie aktivieren kann, und das gibt mir Rückhalt und Stärke. Ich wusste auch immer, dass ich von Zeit zu Zeit loslassen und etwas anderes tun muss. Golf war für mich ein sehr guter Ausgleich zum Boxen: Ich beanspruchte Körper und Geist, aber ganz anders als beim Kampfsport.

Das Wissen, ein selbstbestimmtes Leben zu leben und den Glauben an mich nie verloren zu haben, lässt mich mit viel Freude den kommenden Jahren entgegenblicken.

Nicht immer nur an die Herausforderung denken

Willenskraft kannst du lernen. Und der Vier-Schritte-Prozess von F. A. C. E. ist dein Werkzeugkasten auf dem Weg zur Willenskraft. Nutze ihn für die eigenen Werte, für deine ganz persönlichen Ziele. Denke nicht immer nur an deine Herausforderung, nutze die erlernten Fähigkeiten auch für andere Dinge. Ruhe von Zeit zu Zeit aus – in der Gewissheit, dass du deine Willenskraft jederzeit aus diesem Zustand erwecken kannst.

Etwas zurückgeben

Mein Bruder Vitali und ich haben nie vergessen, woher wir kommen und was wir unseren Unterstützern zu verdanken haben. Wir gründeten 2003 die Klitschko Foundation, um etwas von dem zurückzugeben, was wir vor allem am Beginn unserer Karriere erfahren haben. Wir hatten bereits einige Jahre Erfahrung in der Unterstützung und im Umgang mit internationalen Stiftungen und wollten aus unserer eigenen etwas ganz Besonderes machen. Unser Ziel war und ist es, junge Menschen zu stärken und sie zu unterstützen auf ihrem Weg, ihr wahres Ich zu finden und einen wertvollen Beitrag für ihre unmittelbare Umgebung, ihre Gemeinde, ihren Verein und letztlich für die Gesellschaft zu leisten.

Bis heute ist dies mein Bestreben: etwas zurückgeben. Meine Methode ist ebenfalls genau vor diesem Hintergrund entstanden.

Ich möchte Menschen in ganz komprimierter und auf alle Lebensbereiche übertragbarer Form meine Willenskraftrezepte weitergeben.

Ich durfte von den Besten der Besten lernen und habe von ihrem Wissen auf so vielen Ebenen des Lebens profitiert. Dafür bin ich unglaublich dankbar. Es würde sich nicht richtig anfühlen, wenn ich meine Erfahrungen nicht teilen würde oder nichts von dem zurückgeben würde, was mir zuteilgeworden ist. Das Strahlen der Kinder zu sehen, wenn sie eine Programmeinheit bei der Klitschko Foundation durchlaufen, oder die freigesetzte Energie der F. A. C. E.-Camp-Teilnehmer zu spüren sind durch nichts zu ersetzen.

Erst der Sinn macht das Leben reich

Deshalb ist Herausforderung so wichtig: Dank deiner Herausforderung kannst du über dich hinauswachsen. Sie gibt dir einen Horizont, einen Plan – und deshalb ist sie sinnstiftend.

Die große Suche nach dem Sinn

Gehalt, Status, steile Karriere: Früher waren es die extrinsischen Werte, die für Arbeitnehmer zählten. Wer bei einem renommierten Konzern arbeitete, war stolz darauf. Das Renommee der Firma führte zu einer enormen Identifikation seitens der Arbeitnehmer: Sie sonnten sich mit im Glanz des Unternehmens und wussten sich als wertvollen Teil davon. Oft blieben sie ein Leben lang, heute werden Stellen viel schneller gewechselt. Das Renommee eines Unternehmens reicht nicht mehr aus, das tägliche Tun braucht einen Sinn. Laut einer Befragung unter europäischen Arbeitnehmern[34] wären zwei Drittel der Befragten bereit, auf Geld und Status zu verzichten, wenn stattdessen ihre Aufgabe sinnvoller wäre. Wer über Jahre hinweg einer Tätigkeit nachgeht, in der er überhaupt keinen Sinn sieht, wird krank.[35]

Dabei kann es auch sinnstiftend für Arbeitnehmer sein, Teil einer starken Gemeinschaft zu sein. Gleichzeitig erleben wir jedoch in unserer westlichen Gesellschaft eine starke Individualisierung und Entsolidarisierung. Früher gab es Großfamilien, Dorfgemeinschaften, Solidargemeinschaften unter Arbeitern. An ihre Stelle ist die Unabhängigkeit getreten, wir sind auf uns allein gestellt. Mehrgenerationenhaushalte sind selten geworden. Kinder wachsen heute völlig selbstverständlich in der Krippenbetreuung auf, ältere Menschen ziehen in eine Seniorenresidenz, wenn sie nicht mehr allein in der eigenen Wohnung bleiben können. Ob dieser neue Lebenswandel das individuelle Glücksempfinden verstärkt, untersucht die Harvard-Universität im Rahmen einer Langzeitstudie seit nunmehr 75 Jahren.[36] Beantwortet werden soll die Frage, was einen Menschen wirklich glücklich macht. Die Forscher haben eine Antwort gefunden: Es ist die Beziehung zu anderen Menschen. Ausschlaggebend für ein erfülltes Leben sind tiefe und langfristige Verbindungen zu anderen. Es zählt die Qualität der Beziehungen, nicht die Quantität.

Manchmal genügen einfache Umstellungen, um einen Sinn in unserem Tun zu entdecken. Der US-Organisationspsychologe Adam Grant untersuchte in einer Studie die Erfolgsquote von Call-Center-Angestellten.[37] Die Mitarbeiter sollten Spenden für

---

34 YoungCapital, Universität Utrecht (Hg.): *New Generation Recruitment Guide*, Amsterdam: YoungCapital, 2018.

35 Bernhard Badura: »Über sinnstiftende Arbeit«, in: *Fehlzeiten-Report 2018*. Heidelberg: Springer, 2018.

36 Massachusetts General Hospital, Harvard Medical School: *Harvard Second Generation Study*, www.adultdevelopmentstudy.org.

37 Adam M. Grant: *Give and Take. Why Helping Others Drives Our Success*. Phoenix: Viking, 2014.

Universitätsstipendien sammeln. Für diese eintönige Tätigkeit suchte sich Grant gezielt ein Call-Center mit einem demotivierten und recht erfolglosen Team. Die Mitarbeiter wurden in drei Gruppen eingeteilt: Eine Gruppe wurde von einem Stipendiaten besucht, der ihnen schilderte, wie sehr ihm das Stipendium geholfen hatte, die zweite Gruppe bekam einen Dankesbrief, die dritte hatte keinen Kontakt zu Stipendiaten. Nach einem Monat hatten die Mitglieder der ersten Gruppe 171 Prozent mehr Geld gesammelt als die beiden anderen Gruppen und hatten 142 Prozent mehr Zeit am Telefon verbracht. Der Besuch des Stipendiaten hatte ihnen deutlich gemacht, wie bedeutsam und sinnhaft ihre Arbeit war.

Finde deinen Sinn!
Es ist dein Leben. Mach das Beste daraus.

Sinnvoll leben – die Prozessteile

Im Mittelpunkt des Kreises steht dein Ich. Dich selbst immer wieder voranzutreiben, um zu wachsen und dir dabei immer selbst treu zu bleiben, ist das größte Ziel deiner Herausforderung. Du gehst konsequent den Weg zu deinem Ziel, diszipliniert setzt du deine Aufgaben um – das erfordert auch Mut. In Sequenzen näherst du dich dem Erfolg, indem du Routine erlangst und deine schlechten Gewohnheiten durch gute ersetzt. Und du gibst deinem Tun einen Sinn. Du weißt, dass du dabei auch Fehler machen wirst – doch dein Mut treibt dich weiter an. Trotzdem übst du Demut gegenüber deinem Leben.

180

Prozessteil 1: Konsequenzen

Du hast dich für deine Herausforderung entschieden, und mit Selbstdisziplin setzt du deine Ziele um. So konsequent zu sein erfordert Mut.

Prozessteil 2: Sequenzen

Schritt für Schritt änderst du deine Gewohnheiten und etablierst sie im Alltag. Du verpflichtest dich dir selbst gegenüber, deinen Körper und Geist täglich zu trainieren und eine immer bessere Version deiner Selbst zu werden.

Prozessteil 3: Sinn

Mit Demut begegnest du dem Leben. Du weißt, dass du nicht ohne Fehler bist, und gibst deinem Tun einen Sinn.

Die Personas in Schritt E4

ANGIE

Ich hatte früher Probleme damit, anderen Menschen einen Wunsch abzuschlagen. Heute kann ich auch mal Nein sagen, wenn es einfach nicht passt. Ich habe gelernt, dass nicht gleich alles zusammenbricht, wenn ich die Kontrolle abgebe und delegiere. Meine Kinder sind nun viel selbstständiger, und ich achte besser auf mich, meinen Körper und meine Bedürfnisse. Meine konsequente Entscheidung für mein Lauftraining hat mich das gelehrt. Dadurch bin ich ausgeglichener, zufriedener und gesünder. Ich habe den ein oder anderen Bekannten eingebüßt, da sie mit meinem neuen Ich nicht umgehen konnten oder wollten. Aber all die Freunde sind mir geblieben. Sie freuen sich mit mir an meinem neuen Leben – ein großartiger Nebeneffekt.

Ich hätte nie gedacht, dass es tatsächlich funktioniert: Nun bin ich in der Lage, schlechte Gewohnheiten abzulegen, gute Gewohnheiten zu etablieren. Das ist mein Hebel, und ich weiß, wie ich ihn zu bedienen habe, um zum gewünschten Ergebnis zu kommen. Ich fühle mich immer besser, mein Leben wird immer besser. Auch für meine Familie bin ich sehr dankbar: Sie haben Aufgaben von mir übernommen und mir Mut zugesprochen, als ich im Halbmarathon gescheitert bin. Weil meine Familie merkte, wie sehr ich sie brauche, und ich gleichzeitig die Unterstützung erfahren habe, die mir guttat, sind wir uns alle auch emotional nähergekommen.

Mein Weg zum Marathon war ein Weg zu mir selbst und auch zu meinem Sinn des Lebens. Nächste Woche ist es so weit. Ich werde jeden einzelnen der 42 Kilometer genießen und daran denken, wie diese Herausforderung mein Leben zum Besseren verändert hat.

MAX

Ich weiß, dass es mutig war, den Schritt in die Selbstständigkeit zu machen. Darauf bin ich stolz. Ich bin den Weg konsequent gegangen und auch dann am Ball geblieben, wenn es nicht gut lief. Anfangs saß mir die Angst vor dem Scheitern ständig im Nacken, und finanziell bin ich noch nicht über den Berg. Aber ich weiß, dass ich alle Fäden zur Zielerreichung selbst in der Hand halte – und auch alle zum Scheitern. Es ist meine eigene Entscheidung, wohin der Weg mich führt. Ich bin die bewegende Kraft. Diese Erkenntnis löste meine Unzufriedenheit auf. Ich bin ruhiger geworden, weniger ungeduldig. Ich habe Ruhe und Kraft und mein Ziel stets im Blick.

Meine ganze Energie fließt jetzt in dieses Ziel, was auch dadurch erleichtert wird, weil ich einen strukturierten Tagesplan habe, in den ich Pausen einplane, um mich selbst zu fragen: Bin ich noch auf dem richtigen Weg? Gleichzeitig bin ich viel produktiver, weil ich meinen Biorhythmus beachte und weiß, wann ich welche Tätigkeiten am besten ausführe. Durch meine neuen festen Gewohnheiten muss ich mir um Routineaufgaben keine Gedanken machen, denn die gehen mir fast automatisch von der Hand. Ich gehe auch nach wirklich intensiven Arbeitstagen beschwingt nach Hause und habe Energie, um mir mit meiner Familie oder Freunden einen schönen Abend zu machen. Es erfüllt mich mit Dankbarkeit, ein selbstbestimmtes Leben führen zu können.

Dass ich Dinge selbst in die Hand genommen und in Eigenverantwortung umgesetzt habe, hat auch meinen Sohn beeinflusst: Er hat gesehen, wie weit man kommt, wenn man konsequent an seinen Zielen arbeitet. Jetzt gibt er bis zum Abi doch noch einmal richtig Gas und lernt tatsächlich jeden Tag. Er hat aber auch gemerkt, dass dieses neue Leben nicht zum Nulltarif zu haben ist, dass es Rückschläge gibt.

Ich bin ebenfalls am Ball geblieben: Die ersten Rezensionen meiner App sind vielversprechend. Ich begegne meinem Leben weiter mit Demut, denn ich weiß, dass der langfristige Erfolg auch ab hier kein Selbstläufer ist. Aber ich habe das Handwerkszeug, um meine Ziele zu erreichen und mein Leben immer besser zu machen.

TIM

Ich zweifle nicht mehr daran, dass ich das duale Studium schaffen werde. Meine neu gewonnene Disziplin hilft mir dabei, mich nicht um ungeliebte Aufgaben zu drücken. Ich arbeite einen klaren Plan ab: Ich habe verstanden, was langfristig gut für mich ist. Jeden Tag auszugehen ist im Moment der Party großartig, aber schon am nächsten Tag bricht sich das schlechte Gewissen Bahn. Und weder meine Kollegen noch meine Professoren schätzen es besonders, wenn der Student nicht mitdenkt. So schade ich mir auf Dauer selbst.

Schweren Herzens habe ich deshalb die Band aufgegeben. Letztens habe ich mich mit unserem Drummer getroffen, mit dem ich mich schon immer am besten verstanden habe. Durch die Blume gab er mir zu verstehen, dass ich jederzeit wieder einsteigen könne, wenn es meine Zeit zulässt. Das ist ein schönes Gefühl, macht mich stolz und macht mir Mut. Aber ich werde jetzt nicht übermütig, sondern behalte die Bodenhaftung: Erst werde ich im Studium und bei meiner Job-Performance Vollgas geben, dann gibt es irgendwann sicher auch wieder Raum für die Band.

JULIA

Zum ersten Mal in meinem Leben bin ich ganz auf mich allein gestellt. Die Entscheidung, nach Singapur zu gehen, fiel mir nicht leicht. Aber ich bin ins kalte Wasser gesprungen und habe gelernt, in diesem kalten und manchmal auch rauen Wasser zu schwimmen. Ich habe mich überwunden und mich konsequent und Stück für Stück weiterentwickelt – persönlich und beruflich.

Noch immer habe ich Respekt vor dem, was ich und wir als kleines Team da vorhaben, aber ich weiß, dass ich jetzt allerhand in meinem Werkzeugkoffer habe, auf das ich jederzeit zurückgreifen kann, wenn Ablenkungen oder Rückschläge drohen oder Konkurrenten kurzzeitig an uns vorbeiziehen. Ich bin diejenige, die das richtige Tool für die passende Situation wählt – und ich bin diejenige, die damit die Situation lösen kann. Aber ich muss dranbleiben. Den Werkzeugkasten in den Keller zu stellen und ihn dort verstauben zu lassen bringt nichts. Ich muss die Werkzeuge regelmäßig sichten, pflegen und nutzen, damit ich in Übung bleibe und immer geschickter darin werde, sie in meinem Sinne zu nutzen.

Auch wenn die Zeiten intensiv sind und bleiben werden, muss ich das nicht mehr durch extensives Feiern überspielen. Stattdessen beschäftige ich mich intensiv mit meinen Tagen, lasse sie mit einer Mediationseinheit statt mit Alkohol ausklingen und halte auch meinen Körper wieder fit, indem ich regelmäßig meine Zumba-Klasse besuche. Ich halte die Fäden meines Lebens wieder selbst in der Hand, auch wenn ich sie inzwischen etwas lockerer lassen kann, als das noch in Deutschland der Fall war. Ich bin bei mir angekommen und weiß genau, was mir guttut und was nicht.

Auch meine Eltern sind beeindruckt: Zwar waren sie immer stolz auf mich, was ich alles geschafft habe, aber den Schritt, nach Singapur zu gehen, haben sie mir nie richtig zugetraut. Als sie mich letztens hier besucht haben und sehen konnten, wie gut ich mich hier zurechtfinde und wie souverän ich auftrete, wurde aus ihrem elterlichen Stolz echter Respekt. Das konnte ich an ihren Augen sehen.

Doch ich weiß, dass ich weiter an mir und an unseren Zielen als Neustandort arbeiten muss, ansonsten ist dieser Versuch schnell Geschichte, wir werden zurück nach Deutschland beordert und ewig das Etikett der Gescheiterten tragen. Eine kurzzeitige Niederlage stecke ich weg. Aber ich werde nicht auf lange Sicht scheitern. Dafür bin ich bereit, alles zu investieren und an meinen interkulturellen Fähigkeiten zu arbeiten.

Resümee
Jetzt lebe ich

Du erkennst, dass all deine Anstrengungen letztlich einem Ziel dienen: dem guten Leben und dem Sinn, den du deinem Leben gibst. Du weißt, dass du allein die Gestaltungsmacht für dein Leben in deinen eigenen Händen hältst.

Deine Learnings
- Lernen, den Lebensweg mit Mut und Demut zu gehen.
- Verstehen, dass man nicht alle Faktoren kontrollieren kann.
- Abschalten lernen.
- Verstehen, dass die Herausforderung nicht ein Ziel an sich ist, sondern die wachsende Empfänglichkeit für die wahre Größe des Lebens.

Deine Take-aways
- Das Sinnstiftende in der Herausforderung sehen.
- Vertrauen in die eigenen Fähigkeiten und in das Leben haben.
- Nicht die ganze Zeit an die Herausforderung denken müssen, die Pausen genießen können.
- Die eigene Erwartungshaltung reduzieren können, damit sie nicht zur mentalen Belastung wird.

Wladimir Klitschkos Essence
You are the driving force.
Du bist die bewegende Kraft.

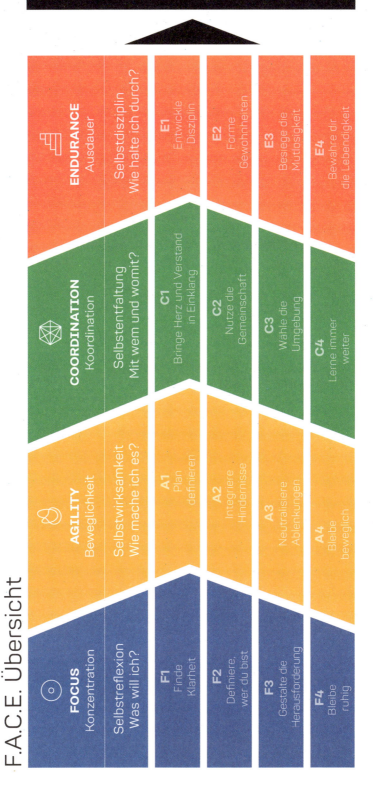

Dank

Allen an diesem Buch Beteiligten unseren herzlichsten Dank! Ein ganz besonderes Dankeschön gilt Christina Gruber für ihre tatkräftige Unterstützung bei der Erarbeitung und Fertigstellung der Text-Manuskripte. DANKE!

DU BIST DIE BEWEGENDE KRAFT

WYLLIT
by KLITSCHKO

Und du, was brauchst du heute?

Das Konzept von WYLLIT Food basiert auf der F.A.C.E. the Challenge Methode von Dr. Wladimir Klitschko. Riegel, Tee und Lunches To Go unterstützen uns in unserem mobilen Alltag und bieten dem Körper in jedem Moment genau das, was er braucht.

WYLLIT Food ist Willenskraft on the go!

FOCUS

AGILITY

COORDINATION

ENDURANCE

Lerne mehr über WYLLIT:

@wyllit.food   @wyllit.food

YOU ARE THE DRIVING FORCE
Trainiere deine Willenskraft

112 Seiten · Klappenbroschur
ISBN 978-3-424-20242-7

Das Arbeitsbuch zu Dr. Wladimir Klitschkos Erfolgsmethode F.A.C.E. the Challenge gibt uns eine konkrete Anleitung, wie wir unsere Willenskraft entwickeln – mit praktischen mentalen und körperlichen Übungen, Tipps und audio-visuellen Erklärungen zum Download. Das Arbeitsbuch ist die perfekte Ergänzung zum Methodenbuch „F.A.C.E. the Challenge – Entdecke die Willenskraft in dir!"